家『理』事

以民法典新规定诠释家事纠纷案件20例

刘念 杨波 ◎ 著

中国出版集团
中国民主法制出版社

全国百佳图书
出版单位

图书在版编目（CIP）数据

家"理"事：以民法典新规定诠释家事纠纷案件 20 例 / 刘念，杨波著. —北京：中国民主法制出版社，2022.12

ISBN 978-7-5162-3027-5

Ⅰ. ①家… Ⅱ. ①刘… ②杨… Ⅲ. ①婚姻家庭纠纷—案例—中国 Ⅳ. ①D923.905

中国版本图书馆 CIP 数据核字（2022）第 233283 号

图书出品人／刘海涛
出版统筹／石　松
责任编辑／姜　华

书　　名／家"理"事——以民法典新规定诠释家事纠纷案件 20 例
作　　者／刘念　杨波　著

出版·发行／中国民主法制出版社
地　　址／北京市丰台区右安门外玉林里 7 号（100069）
电　　话／（010）63055259（总编室）　63058068　63057714（营销中心）
传　　真／（010）63055259
http：／www.npcpub.com
E-mail／mzfz@npcpub.com
经　　销／新华书店
开　　本／16 开　710 毫米×1000 毫米
印　　张／14　字　数／188 千字
版　　本／2023 年 1 月第 1 版　2023 年 1 月第 1 次印刷
印　　刷／三河市宏图印务有限公司

书　　号／ISBN 978-7-5162-3027-5
定　　价／48.00 元
出版声明／版权所有，侵权必究。

（如有缺页或倒装，本社负责退换）

序　言

中央广播电视总台社会与法频道《法律讲堂》栏目与杨波先生的结缘，始于2008年的主讲人选拔，迄今已经14年。14年岁月匆匆，蓦然回首，一幕幕普法合作画面仍在眼前，岁月留痕，令人回味。

提起主讲人就不能不谈到总编导，本书的另一位作者刘念女士，是《法律讲堂》栏目的执行主编，也是杨波先生的总编导。说起来，我跟刘念女士共事也有11年了。我担任制片人的数年间，在刘念女士为代表的主编们和杨波先生为代表的主讲人们共同努力下，《法律讲堂》不断提质升级，主讲人队伍不断扩充成长。来自全国各地的众多优秀律师、法官、检察官、法史学者和法学专家走上《法律讲堂》；他们中的许多人又或因工作、生活等原因无暇分身，默默地离开了这个舞台。而杨波先生与《法律讲堂》的缘分却从未间断，他和刘念女士共同见证了《法律讲堂》栏目的茁壮成长。

仰取俯拾，稛载而归。相伴《法律讲堂》的14年，杨波先生在事业与生活中均收获颇丰。在事业上，他从一名二级律师成长为上海市律师协会副会长。在生活上，又增加了"爷爷"这一慈祥有爱的身份。而刘念女士挖掘主讲人潜力、调动主讲人积极性的能力已经炉火纯青，成为栏目优秀的执行主编。与此同时，她也从一位温婉贤惠的妻子升级为充满智慧的妈妈。

本次出版的《家"理"事——以民法典新规定诠释家事纠纷案件20例》一书是杨波先生在《法律讲堂》出版的第三本著作，也是杨波先生与刘念女士合作出版的第一本体现主讲人和主编共同劳动成果的首部著作。

《家"理"事——以民法典新规定诠释家事纠纷案件20例》中收录了杨波先生数年来在《法律讲堂》栏目主讲的精华案例，是《法律讲堂》栏目经典节目以文字形式的再现与延展，更是杨波先生将其律师从业经验与丈夫、父亲、爷爷等多重身份的人生体验相结合，通过刘念女士的不断匡正提升而得来的心血之作。

　　文字是对思想的具化，对生命的延伸。《家"理"事——以民法典新规定诠释家事纠纷案件20例》承载着两位作者的人生阅历与职业智慧，相信开启本书的每一位读者都能从中有所收获。

中央广播电视总台央视社教节目中心
社会节目部副主任　苏大为
2022年10月16日

目 录
CONTENTS

贪财害命　　　　　　　　　　　　　　　　001

　　损人利己，是指损害别人，使自己得到好处。一个人损人利己，我们说这个人自私且坏；然而，一个人损人不利己，并且损出一条人命来，这就不单单是自私和心眼坏了，而是阴险和愚蠢。这样的事在生活中并不少见，宋丽就亲身经历过……

"死人"复活　　　　　　　　　　　　　　013

　　一个人"死"而复活，活而复死，生前"死"后分别立了两份互相矛盾的遗嘱，为他守寡10年的妻子被公公告上了法庭，妻子的舅舅又主动加入诉讼中来，这个家庭究竟发生了什么事，这一切又是为了什么？

离婚之谜　　　　　　　　　　　　　　　　024

　　婚姻自由原则，是指结婚自由，离婚也自由。但是，婚姻自由不是违法行为的挡箭牌，夫妻本是同林鸟，大难临头各自飞。不但让以往的海誓山盟成笑谈，更可能因为侵害他人合法权益而竹篮打水一场空。本案即是一例……

真情假爱   035

    美女爱英雄是一个亘古不变的真理。美女公交车上被流氓骚扰，英雄出手救美之后，自然成就一段姻缘佳话。但是，英雄很快就露了原形，救美是一出精心导演的闹剧。当英雄变成了狗熊以后，他们的婚姻还能维持下去吗？

情人攻讦   048

    尊重他人隐私是我们社会的现代文明标志之一，保护自己的隐私也是当代人应有的法律意识。但是，有人竟然在大庭广众之下曝光自己的隐私，主动承认做别人的情人二十载，这到底是为了什么呢？

假戏真做   058

    婚姻是爱情的结晶，也是两个人终生相守的承诺。然而，大千世界无奇不有，经济时代有人把爱情当作商品，通过交换上演了一幕婚姻闹剧。本案就是如此……

醉酒风波   071

    曹操说，何以解忧，唯有杜康。老百姓说，无酒不成席。酒逢知己千杯少。酒在人际交往中扮演着重要角色。小饮怡情，多饮伤身，有多少红尘事，误在开怀畅饮中……

桃色事件   082

    新婚夫妻分居，除了思念还有猜忌。尤其是当配偶和异性在一起过年，两个人亲亲热热，有图有真相，您说另一半能相信这是正常的男女关系吗？

爆竹之殇　　　　　　　　　　　　　　　　　　　093

　　古话说，过年了，姑娘戴花，小子放炮。放鞭炮历来是我们国家欢庆节日的仪式之一。所以，宋代王安石曾有"爆竹声中一岁除，春风送暖入屠苏。千门万户曈曈日，总把新桃换旧符"的诗句。少年喜欢放鞭炮无可厚非，但当喜庆的鞭炮变成了伤人利器，谁对少年被夺去的健康和快乐负责呢？

哭泣新娘　　　　　　　　　　　　　　　　　　　103

　　大年初二，传统的习俗是祭财神，回娘家。新娘子半个月前轰轰烈烈嫁出门，大年初二哭哭啼啼被送回来。男方说女方隐瞒精神病史骗婚，要求退婚；女方说男方家暴把女儿逼疯，要求追责。两家到底谁是谁非？让我们一起揭开案件背后的秘密……

计谋家庭　　　　　　　　　　　　　　　　　　　113

　　年夜饭又叫团圆饭。大年三十亲人们聚在一起，喝酒吃饭，喜迎新年，充分体现家庭成员间的互敬互爱，使亲人之间的关系更为紧密。然而，有这样一个家庭，他们的年夜饭不但没有增进亲人感情，反而使得亲人反目。这到底是个什么样的案件呢？

神秘之吻　　　　　　　　　　　　　　　　　　　123

　　中华民族是礼仪之邦，每到逢年过节的时候，人们走亲访友以表深情厚谊。大家聚到一起，总是会把酒言欢。因为俗话说得好，无酒不成席。但是，酒多容易引发事端。丈夫因为醉酒引发家庭矛盾，老妈逼问儿子隐私，还引发一场人身权益损害纠纷。这个案件令人回味无穷……

"烈女"争名 　　　　　　　　　　　　　　　　134

　　一出生，我们每个人就有自己的名字，虽然它只是个文字符号，但是它与我们每个人的人格、名誉、尊严紧密联系在一起，代表着一个人的社会价值。一旦姓名权受到侵害，其带来的影响超出想象。本案即是一例……

"偷情"协议 　　　　　　　　　　　　　　　　145

　　古人云，天底下没有不透风的墙。所谓的天知、地知、你知、我知，说明秘密不过是知道的人多少而已。男人有外遇，被女方的丈夫捉奸，不得不赔偿10万元，并签下了保密协议。这个秘密能保得住吗？

姐妹调包 　　　　　　　　　　　　　　　　　154

　　调包，又称掉包，通常指以假充真、以次充好。一般在经济纠纷中发生，如果是两个人相互调包，那一定是因为其中有着难言之隐……

双子两爸 　　　　　　　　　　　　　　　　　163

　　双胞胎，通常外貌相像，穿着相同，甚至彼此间有心灵感应。这个家庭也有了一对双胞胎，但是，这份幸运的降临，却使得美满幸福的小家庭轰然解体。这到底是因为什么呢？

凶宅之谜 　　　　　　　　　　　　　　　　　172

　　古今中外，"凶宅闹鬼"的传说层出不穷，但是这类传说大都是人们耳闻，没有目睹。"凶宅"也好，鬼也罢，都像鲁迅先生所说，与活着的人有关……

兄弟情仇   **180**

  古人将父亲和兄长放在一起表述，合称为父兄，泛指长辈，可见兄长在家庭中的地位。因此，孟子曰"良驹识主，长兄若父"。如果兄弟之间反目成仇，这背后一定有着恩爱情仇的故事……

无奈少年   **190**

  父母是孩子的第一老师，家庭是孩子的第一课堂，孩子在成长的过程中无不带着家庭教育的烙印。如果父母不履行对孩子抚养教育的监护职责，还把孩子当成了摇钱树，带领孩子从事违法犯罪活动，他们的下场可想而知……

寻找情敌   **200**

  逃婚，是指逃避不自由的婚姻，这种事一般发生在父母之命、媒妁之言的过去，逃婚的人用行动表达对爱情的追求。在婚姻自由的今天少有逃婚案，因为人们可以做出自己的选择。一个结婚十年的丈夫逃婚，这背后的秘密想来并不复杂……

后记　追逐法治的梦想   **211**

贪 财 害 命

◈ **关键词：**人身损害赔偿

2008年的秋天，秋高气爽，阳光高照，在经历了严酷夏日的煎熬后，秋天的阳光总会让人心情愉悦。但是，让宋丽永远忘不了的一幕是，她家的沙发上竟然躺着一个陌生的死者，茶几上还放着残留的饭菜和两只酒杯，丈夫张唐则消失得无影无踪。这个离奇的案件是怎么回事呢？

● **家中惊现暴死者　丈夫失踪有嫌疑**

那天，宋丽的心情也像天空一般晴朗，她哼着小曲下班回家。走到家门口，她发现房门虚掩着。这个时候老公张唐应该还没有到下班的时间，宋丽心中一种不祥的感觉油然而生，她浑身立即紧张了起来。

宋丽轻轻地推开门，一眼望去发现家中空无一人，她大声喊道："张唐，你躲在哪里了，给我出来！"屋里寂静无声，宋丽心里开始发毛，她害怕地大声叫道："是谁在我家里？快出来！"

房间里还是没有动静，宋丽小心翼翼地向屋里走去，突然看见一个男子直挺挺地躺在客厅的长沙发上，用上衣蒙着头。她心里想，好你个张唐，胆子越来越大了，下班回来早也不干家务，竟然蒙头大睡。她上前一把就把那人上衣抓起来，口中叫道："天黑了！快起来做……""饭"字还没有说出来，她的喉咙就卡住了。因为她看到的不是她老公张唐，而是一个陌生的男人，那个男人瞪着两眼呆呆地盯着她，脸上没有任何反应。

宋丽顿时吓得汗毛竖了起来，她像丢了魂似的夺门而出，一边跑一边喊，救命啊！快来人啊！她的尖叫声响彻整栋大楼，楼下值班的保安迅速赶了过来，扶住吓得全身战栗的宋丽，连声问她怎么回事？听到喊叫声的邻居们也都纷纷围了过来，七嘴八舌地追问她发生了什么事？

宋丽掩面哭泣，脸色惨白，嘴唇发抖，哪里还说得出一个字来，只是一面哭一面用手指着自己家里的方向。小区保安和邻居们赶到她家，推开门往里一瞧，只见一个男人躺在客厅的长沙发上，双眼圆睁，双手紧握。他们围上前去叫那个男人，但男人没有任何反应。胆大的人上前用手推推，一动不动；一摸，人都凉了。大伙倒吸了一口冷气，屋里气氛顿时紧张起来，有人急忙拨打报警电话和急救电话。奇怪的是这边电话还没有打完，那边急救车就已经赶到了。由于当时现场很混乱，谁也没注意到这个问题。医生经过检查，确认那个男人失去了生命体征，已经死亡，没有抢救的必要了。

一会儿工夫，警车也呼啸着驶入小区，民警们迅速跑到宋丽家，跟医生交换了意见，了解了死者的情况后，设置了警戒线。

紧接着，警方对现场进行了勘验。房门是自然开启的，门锁没有被撬。屋里客厅整洁，没有搏斗的痕迹。茶几上有两盘凉菜，两个小酒杯，一瓶喝了一半的白酒，还有两个一次性的茶杯，里面泡着袋装茶叶，烟灰缸里有几个吸剩下的烟头。那个已经死亡的男人仰卧在沙发上，衣着完好，发育正常，身材中等，右手虎口处有灼伤痕迹。客厅壁柜前地上散落着钳子和螺丝刀，壁柜的门呈开启状态，里面是室内电表箱。

经过分析，警方初步认定进门的壁柜处是第一现场，死者躺的沙发是第二现场，判断结果是死者死亡后被挪到了沙发上，并且脸部被盖上了衣服。根据现场勘验得到的情况，民警把宋丽叫到警车内做笔录。受到惊吓的她此时情绪虽然好些，但仍然显得惊魂未定。她把下班回家发现死者，以及她呼叫求救的情况向警方进行了陈述。民警问："你是否认识他？"宋丽摇摇头说："不认识。"民警问："你家里有几个人？"她说:"还有我老公张唐。"民警问:"他现在在什么地方?跟你联系过没有?"宋丽回答不知道老公在哪里,两个人也没有联系。民警让宋丽给张唐打电话。

  民警的提示突然让宋丽回过神来,她刚才因为受惊吓头脑已经变得一片空白,此时才明白这件事有可能和丈夫张唐有关。现在打不打电话呢?按照她的本意不想当着他人面打电话,因为她要自己先弄明白张唐与死者之间发生了什么事。可是当着民警的面她又不敢不打。于是,她从包里拿出手机给张唐打了过去。结果,张唐的手机语音提示已经关机。她看着民警询问的眼神,解释说:"他手机已关机。"民警听了以后眉头皱了起来,向她要了张唐的手机号码。宋丽分辩道:"这事肯定跟他没关系,他胆子像老鼠一样小。"但是,民警没有接她的话茬,而是迅速安排人员查找张唐的下落。

  为了尽快确定死者的身份,警方连夜召开了案情分析会。经过分析,他们一致认为死者与张唐的失踪存在着某种联系。于是,警方决定围绕着张唐的社会关系和工作单位进行调查,以此作为案件的突破口,尽早确定死者的身份。很快,死者的身份就得到了确定,他是张唐的同事,名叫王旭强。张唐的同事都说他们俩平时关系很好,在同一个部门工作。部门经理在回答警方询问时也说,死者王旭强和张唐在他手下工作,平时关系很要好。昨天死者是和张唐一起离开的公司,当时他们请假说去办事,下班前会回来。后来,他们都没有回公司,自己因为事情多,也没有过问。没有想到,他们竟然一个死亡、一个失踪。显然,张唐的失踪跟本案有密切联系,警方为此把张唐列为犯罪嫌疑人。

● 损人害己酿灾祸　走投无路去自首

  警方的痕迹鉴定报告不久也出来了,在房屋内提取的物品上有张唐和王旭强两个人的指纹。警方结合在现场勘验时发现房门没有破坏、室内没有打斗痕迹、茶几上还有剩余食物等情况,判断张唐曾经与死者王旭强在一起喝过酒,是最后一个和死者接触过的人。那么,失踪的张唐

犯罪嫌疑自然上升,只要抓住了张唐,案件的真相就会水落石出。于是,警方把工作重点放在抓捕张唐上。办案民警为此告诫宋丽,一旦知道张唐的下落立即报警,如果有包庇行为将受到法律的追究。

宋丽在获知丈夫与本案有关系后,不知如何是好。只有找到丈夫张唐,才能查明事实真相。于是,她也开始四处寻找张唐。这时候,又一件让她措手不及的事情发生了。

死者王旭强的亲属认定张唐就是杀害王旭强的凶手,在警方勘察结束撤除警戒线后,他们涌入了张唐家,在屋子里拍桌子砸板凳,骂声、哭叫声缠绕在一起,还在张唐家设立灵堂祭奠亲人。

家里出现了死人,加上活人这么一闹,宋丽也不敢在家住了,她回到了娘家。由于张唐一直联系不上,她心里也一直七上八下,不知道到底发生了什么事。

到了半夜时分,宋丽的手机响了,她一看是个固定电话号码打来的,心里预感一定是张唐,就马上接通了电话。果然是丈夫张唐打来的电话,他听清是宋丽后开口就问:"家里怎么样了?"宋丽马上哭道:"什么怎么样了?人死在家里你说能怎么样,这个死人跟你什么关系?他为什么死在咱们家?你们俩到底干了什么事?"张唐沮丧地回答:"他是我的同事,他的死跟我无关。"宋丽又问:"既然跟你无关,那你为什么要躲起来?"张唐解释道:"你放心!我真没有杀他。"宋丽不相信,"既然没有杀他,你为什么不回来?"张唐叹了一口气:"我们当时在干坏事,警察知道也饶不了我。再说,他突然死在咱家,当时就我们俩,我怕说不清楚,先躲几天再说吧。"宋丽说:"不行!警察正找你呢,只要人不是你杀的就没有什么大不了的事,你回来到公安局把情况说明白就可以了,干吗要到外面躲……"宋丽的话还没有说完,张唐那边就把电话挂断了。

张唐一方面跟妻子宋丽说同事的死与他没有关系;另一方面又说干了坏事要躲起来,不愿意向警方说明情况。宋丽和张唐通完话以后,心里就更加没底了。丈夫张唐到底和死者在一起干了什么坏事?这个王旭强到底是怎么死的?

张唐在外面躲了两天,他怕警方监控妻子的电话,每天只用公共电话跟宋丽短时间通话。宋丽反复规劝他向警方自首说清楚,张唐的心理压力也越来越大,知道躲得了今天躲不了明天,最后他挺不住了,只好在宋丽陪伴下到公安局投案。

张唐到公安局以后,说出了事发当天的经过:王旭强和张唐在单位关系比较好,张唐曾经在单位发牢骚说:"天气这么热,家里空调冰箱用电量直线上升,太浪费钱了。"王旭强听后笑着对他说:"我有办法帮你把电费省下来。"张唐不相信地问:"你有什么高明的办法?"王旭强说:"这个办法一点儿都不高明,但是管用,就是偷电。"张唐一听摆摆手说:"不行,电业局发现了怎么办?再说你又不是电工,会弄吗?"王旭强说:"我保证不会出现任何问题。"两个人如此这般一商量,张唐与王旭强打定了偷电省钱的主意。

案发那天,王旭强对张唐说:"今天单位没有什么事,走,去你家把活干了。"张唐心里明白他讲的"干活",就是在电表上做手脚。于是,两个人请假后来到了张唐家。

进了张唐家门,王旭强说:"天太热,你弄两个菜,先喝两杯,休息一会儿再干活。"张唐心里正过意不去,一听马上说好,就到厨房弄了两个凉菜,拿出一瓶酒来,两个人就喝了起来。酒喝到一半,王旭强说:"不能喝了,一会儿喝醉了干不成活了。"说着,他就站起来去干活。

张唐坐在沙发上喝茶。突然,张唐听见王旭强一声喊叫,抬头一看发现他已经躺倒在地上,手脚抽动了几下,就陷入了昏迷状态。张唐吓得急忙把王旭强抱起来放在沙发上,一边给他做人工呼吸,一边喊着他的名字。但是,王旭强当时已经没有任何反应了,张唐趴在他胸前听了听,心跳已经停止,并且呼吸也没有了。

张唐急忙拨打120求救。打完急救电话后,他看着无声无息的王旭强,出了一身冷汗,怎么办?同事给自己帮忙死了,如何向他家人交代？不报警吧，死人是天大的事情，瞒也瞒不住；报警吧，两个人因不光彩的偷电行为发生了事故，而且房间里就他们两个人，根本说不清楚王旭强的死跟自己是否有关系。要不要告诉宋丽？告诉她也解决不了问题，只会让她徒增烦恼。张唐脑子里当时高速运转，始终打不定主意怎么办。最后，他下定决心，三十六计走为上，先躲起来看看风头再说。因此，当宋丽回家发现王旭强的尸体后，邻居刚报完警，120急救车就赶到了现场，原因就是张唐逃跑前先打了急救电话。

在抓捕张唐期间，法医对死者王旭强进行了尸检，其体表存在生前电烧伤，尸体损伤不符合自杀特点，结论死者系电击死亡。根据张唐投案后的陈述，警方进行了现场复原，结合本案的其他证据及张唐平时与王旭强的关系，确认张唐的陈述是真实的，王旭强死于电击的意外事故，本案构不成刑事案件。于是，警方撤销了刑事立案。同时，告诉王旭强家属可以火化尸体。

一个大活人和张唐一起偷电死亡，尽管张唐的行为不构成刑事犯罪，但是，对于他偷电的违法行为和致人死亡的损害后果，警方和死者的家属都不会置之不理，那么，张唐会受到什么样的惩罚呢？

● 处罚赔偿接踵至　法院审判解疑惑

虽然警方对于案件的刑事立案侦查有了结论，但是，张唐企图偷电的行为和王旭强死亡的后果有关。为此，警方决定对张唐的违法行为进行治安管理处罚。警方在作出治安管理处罚决定前向张唐告知，他的偷电行为虽然未遂，但是，违法行为造成了死亡的严重后果，违反了我国治安管理处罚法的有关规定，拟对他作出治安管理行政处罚，并告知张唐依法享有陈述和辩解的权利。

张唐在被警方告知后，申辩说偷电的想法是王旭强提出来的，并且王旭强主动上门改动电表。在整个事件发展过程中，他始终是被动的，现在他刚解除刑事拘留强制措施，已经遭受了相应处罚，不应当再进行治安管理处罚。

警方对于张唐提出的事实和理由进行复核后，指出张唐关于王旭强先提出偷电想法的陈述，由于王旭强已经死亡无法得到证实，所以其辩解依法不能认定。偷电的行为发生在张唐家，他是不法利益的受益者，此前警方对于张唐刑事拘留是刑事案件的强制措施，与治安管理处罚不属于同一性质，张唐先前被拘留的天数可以折抵治安拘留的日期，但是，不影响治安管理处罚的实施。因此，对于张唐的申辩不予采信。

不久，警方作出了治安管理处罚决定书，决定书指出，我国治安管理处罚法第四十九条规定："盗窃、诈骗、哄抢、抢夺、敲诈勒索或者故意损毁公私财物的，处五日以上十日以下拘留，可以并处五百元以下罚款；情节较重的，处十日以上十五日以下拘留，可以并处一千元以下罚款。"由于张唐的行为造成了严重后果，根据该法第二十条违反治安管理"有较严重后果的"从重处罚之规定，对张唐处以15日行政拘留，1000元罚款。以前被刑事拘留的日期可以一日折抵一日。张唐接到治安管理处罚决定书以后，没有申请行政复议和提起行政诉讼，处罚生效后，张唐被警方送往拘留所执行。

张唐摆脱了刑事案件的犯罪嫌疑，并且违法行为还受到了治安管理处罚，他与警方的交道算是告一段落。但是，他的麻烦还远没有结束。

王旭强亲属并没有因为警方已经对张唐进行过处罚就善罢甘休，张唐在治安管理处罚执行完毕前脚回到家，他们后脚就跟了进来。在张唐家焚香烧纸，让张唐给王旭强遗像鞠躬祭拜。宋丽要报案，被张唐劝止，张唐觉得对王旭强的死亡有愧，怀着赎罪的心理，对于王旭强亲属折磨他出气的要求一一满足。但是，王旭强的亲属并没有因为他态度好而停止下来，他们觉得光做这些还远远不够。

一个企图偷电的行为，搭上了王旭强生命，也搭上了张唐的自由和尊严，但是，王旭强亲属并没有停止的意思，他们向张唐提出80万元的巨额赔偿要求。

张唐听了以后苦笑着说："你们让我做什么都可以；但是，让我拿这么多钱赔偿没有道理。"王旭强亲属说："就是为了给你家帮忙，我们才失去了亲人。王旭强是家里的顶梁柱,他上有老下有小,你不赔钱谁赔钱。如果你不赔钱的话,设在你家的灵堂我们永远不撤。"

听到这句话以后,憋了这么长时间的张唐终于忍不住了,"王旭强给我帮忙出的事我不否认,但是,帮忙是他自己主动提出来的;触电也是他自己不小心造成的,我对于他的去世也感到万分痛苦。让我出点钱可以,但是,你们不能让我赔偿80万元啊!一是责任不全在于我,二是我也拿不出那么钱,你们不管怎样也得讲讲道理吧。"王旭强亲属一看张唐不愿意掏钱赔偿,就一不做二不休,在张唐家继续设灵堂,每天搞得房间里烟熏火燎。宋丽认为他们太过分了,就给张唐的单位领导打了电话,希望他们出面调解一下。

单位派工会马主席来到张唐的家中,倾听了双方的意见。宋丽说,他们在自己家里设灵堂,已经严重影响自己的正常生活,同时,也干扰了邻居的生活,造成了不良的影响。希望单位领导劝说王旭强亲属撤掉设置的灵堂,赶快退出她家。王旭强亲属说,王旭强是在他家死的,根据家乡的习俗,必须在他家设置灵堂,祭奠要过七七四十九天,每天除了烧纸有点儿烟以外,不影响任何人的正常生活。

当着工会马主席的面,双方越说火气越大,很快就吵成了一团。马主席把他们分开,并分头进行调解。他对王旭强家属说,你们失去亲人的心情我可以理解,但是你们这种做法是违法的。希望你们能够清醒理智地看待和处理这件事。他对张唐夫妻说,王旭强死于偷电虽然不光彩,但是,人命大于天。他又死在你们家,亲属有点过激行为你们也要理解。当务之急,是让他们尽快撤掉灵堂,赔偿问题可以通过法院解决。你们先出一部分钱,我劝他们离开。在马主席苦口婆心的劝说下,张唐同意先给王旭强家属5万元,赔偿问题双方通过打官司解决。王旭强家属接到5万元后,把灵堂撤了,离开了张唐家。

王旭强亲属很快向法院提起了诉讼,法院通知张唐应诉,并且依法组成合议庭进行了审理。原告指出,王旭强因为给被告张唐帮忙,不幸触电身亡,张唐作为整个事件的发起人和利益的享受者,应当承担赔偿责任，要求法院判令张唐承担死亡赔偿金、抚养费、赡养费等各项经济损失共计 80 万元，减去已付 5 万元，还需支付 75 万元。

张唐答辩道，给自己帮忙是王旭强提出的，在帮忙的过程中他自己不小心触电身亡，自己在整个事件中没有过错，不应当承担赔偿责任，愿意在法律规定的范围内补偿原告一定的费用。

本案属于普通的民事侵权案件，对于王旭强的死亡后果，张唐要不要承担赔偿责任，关键在于看他对王旭强的死亡有无过错？

● 法点释义：民事过错 >>>

民事过错，亦称过错侵权责任，它是以行为人主观上的过错为承担民事责任的基本条件。过错侵权责任的构成要件：一有损害事实的客观存在；二是行为具有违法性；三是违法行为与损害结果之间存在因果关系；四是行为人主观上有过错。在过错赔偿责任原则中，不仅要考虑行为人的过错，往往也会考虑受害人的过错或者第三人的过错。如果受害人或者第三人对损害的发生也存在过错的话，则要根据过错程度来分担损失，因此可能减轻甚至抵消行为人承担的责任。

张唐认为，自己没有过错。王旭强作为完全民事行为人，明知帮助他人偷电的行为违反法律规定，还主动提出为自己改装电表，并且在喝酒后动手干活，不慎造成触电身亡的后果，王旭强应当自行承担责任。自己既没有提出让王旭强帮忙的要求，也没有实施任何与王旭强死亡有关的不当行为，所以，他不应当承担赔偿责任；但是，愿意在合理的前提下补偿王旭强的亲属。

王旭强亲属则认为，张唐利用死无对证污蔑王旭强主动要求给他帮忙，辩解不能成立。从王旭强触电前和触电后张唐的表现来看，他有过错应当赔偿。王旭强到张唐家是在张唐同意并陪同下进的房屋，张唐明知王旭强不是电工，还在提供酒菜之后放任王旭强从事危险的带电作业，从而导致他触电后果的发生。对此，张唐有不可推卸的责任。在王旭强触电后，张唐没有及时进行救助，也没有等候急救医生来，而是自行确认王旭强死亡后离家出逃。如果他坚持抢救到医生来的话，或许王旭强还不一定死亡。所以，王旭强的死亡与张唐的行为有密切的因果关系，张唐在王旭强死亡的事件中有过错，应当承担赔偿责任。

法院综合考虑了双方意见，指出王旭强应张唐之请为其改装电表的事实，在双方之间形成了帮工法律关系。根据《最高人民法院关于审理人身损害赔偿案件适用法律若干问题的解释》（法释〔2003〕20号）第十四条第一款规定："帮工人因帮工活动遭受人身损害的，被帮工人应当承担赔偿责任。被帮工人明确拒绝帮工的，不承担赔偿责任；但可以在受益范围内予以适当补偿。"张唐明知王旭强不是电工，还同意让他带电作业，在王旭强死亡的事件中有过错，应当承担赔偿责任。

● 法律链接：人身损害赔偿 >>>

案发时法律规定：《中华人民共和国民法通则》

第一百零六条 公民、法人违反合同或者不履行其他义务的，应当承担民事责任。

公民、法人由于过错侵害国家的、集体的财产，侵害他人财产、人身的，应当承担民事责任。

没有过错，但法律规定应当承担民事责任的，应当承担民事责任。

第一百一十九条 侵害公民身体造成伤害的，应当赔偿医疗费、因误工减少的收入、残废者生活补助费等费用；造成死亡的，并应当支付丧葬费、死者生前扶养的人必要的生活费等费用。

第一百三十一条 受害人对于损害的发生也有过错的，可以减轻侵害人的民事责任。

民法典新规定：《中华人民共和国民法典》

2021年1月1日起施行的民法典，将"侵权责任"列入第七编，对侵权责任法相关内容进行了修改完善，增加了自甘风险和自助行为规定，即自愿参加文体活动损害自担以及受害人可自力救济扣留侵权人财物等。人身损害赔偿事项中，增加了营养费、住院伙食补助费等规定。其中，跟本案有关的规定：

第一千一百六十五条 行为人因过错侵害他人民事权益造成损害的，应当承担侵权责任。

依照法律规定推定行为人有过错，其不能证明自己没有过错的，应当承担侵权责任。

第一千一百七十三条 被侵权人对同一损害的发生或者扩大有过错的，可以减轻侵权人的责任。

第一千一百七十九条 侵害他人造成人身损害的，应当赔偿医疗费、护理费、交通费、营养费、住院伙食补助费等为治疗和康复支出的合理费用，以及因误工减少的收入。造成残疾的，还应当赔偿辅助器具费和残疾赔偿金；造成死亡的，还应当赔偿丧葬费和死亡赔偿金。

对于张唐应当承担的人身损害赔偿比例，王旭强亲属认为，由于王旭强是在张唐劝酒后从事的带电危险作业，所以，应当判定张唐承担全部的赔偿责任。

张唐认为，王旭强自称能够改装电表，由于生活中人们少不了与水电打交道，所以，他相信王旭强可以胜任该项工作，这符合日常的生活习惯和常理，是常人的合理注意，作为普通人他难以甚至无法预料王旭强会触电身亡。况且，在发觉王旭强触电后，他及时进行了救助。因此，王旭强的死亡，是其本人操作行为不慎造成的，应当承担事故的主要责任；自己可以承担次要责任，也就是王旭强承担70%，自己承担30%。

法院审理后认定，王旭强明知自己不具备带电作业的能力，仍然对电表进行改装，自身行为有过错。根据《最高人民法院关于审理人身损害赔偿案件适用法律若干问题的解释》（法释〔2003〕20号）第二条"受害人对同一损害的发生或者扩大有故意、过失的，依照民法通则第一百三十一条的规定，可以减轻或者免除赔偿义务人的赔偿责任"的规定，王旭强应当承担次要的责任，可以减轻赔偿义务人的赔偿责任，故对原告要求张唐全额赔偿的请求不予支持。张唐明知偷电行为违法，仍然让王旭强帮助实施偷电行为，对于事故的发生负有主要责任，应当承担70%的赔偿义务。最后，法院在确认原告的各项经济损失数额后，据此作出了民事判决，判决张唐赔偿王旭强家属30余万元，双方当事人都没有上诉。张唐主动进行了赔偿，案件画上了一个不圆满的句号。

　　古人云，勿以恶小而为之，勿以善小而不为。其实本案这场悲剧本来是可以避免的，只是由于张唐的贪心，为了节省几度电钱，反而给自己带来了巨大的麻烦，经济上的损失不说，还搭上了同事一条性命。在日常生活中一定要遵纪守法、珍爱生命，千万不要贪小便宜吃大亏。这就是本案留下的血的教训！

"死人"复活

◆ 关键词：民事代理

俗话说，人死如灯灭。形容人死了，万事皆休。然而，小学音乐教师李莹，却遇到了丈夫死犹"未死"的怪事。当地报纸对此报道的标题是：《"死人"立下第二份遗嘱》。怎么会有"死人"立遗嘱的怪事呢？

● 死亡丈夫立遗嘱　公公儿媳上法庭

2007年10月底，天气已经进入深秋。李莹在医院守护生病的丈夫刘大钢半年后，刘大钢终因病情恶化救治无效而死亡。

人到中年的李莹，看着棺木中丈夫熟悉又陌生的面孔，想想自己多年的婚姻竟然只能在丈夫病入膏肓后才朝夕相处，内心不禁满怀悲伤。

李莹办理完丈夫的后事，调整了一段时间心情，然后重新回到学校上班。不料，她很快就收到了法院寄来的诉讼材料和开庭传票，李莹看后不禁惊叹太不可思议了。

原来，公公作为原告把李莹告上了法庭，他要求按照儿子刘大钢的遗嘱继承遗产——一套两室一厅的房屋。理由是儿子刘大钢死前立有遗嘱，要把他的房子遗赠给自己，现在该房由被告儿媳李莹居住，请求法院判令李莹限期迁出，以便原告依遗嘱继承。

我国民事诉讼法规定，法院对于事实清楚，权利义务关系明确，争议不大的简单的民事案件可以适用简易程序审理。即案件的审理采取便捷的方式，可以在3个月内结案。就本案而言，原告拿着儿子刘大钢的遗嘱，要求按照遗嘱继承房产，事实清楚，权利义务关系明确，看起来争议不大。所以，法院确定采用简易程序进行审理。为此，法院决定在2007年11月中旬进行开庭审理。

开庭那天，当地下了第一场雪。看着脚下的雪花化作湿漉漉的泥浆，李莹的心情也异常寒冷。法庭上，公公老泪纵横，诉说自己老来丧子之痛，现在对自己唯一的安慰就是儿子刘大钢结婚前购买的房子，希望法院依法支持他继承房屋的诉讼请求。

他向法院出示了儿子刘大钢购买房屋的合同，证明房屋购买在刘大钢结婚之前，是他的婚前财产；出示了在房地产交易中心进行的产权预告登记表，证明房屋产权人已经进行了预告登记；出示了刘大钢的代书遗嘱，刘大钢在上面签字并且按了手印，还有律师代书和医生、护士的见证签字，以证明刘大钢所立遗嘱是他真实意思的表示；出示了刘大钢医学死亡证明书，以证明自刘大钢死亡之时起开始了民事继承。应该说，公公提交的证据从房屋的财产性质到儿子的处置意愿，形成了一个完整的证据链条，支撑了原告的诉讼请求。

审判员请被告李莹进行答辩。在公公的代理人宣读诉状和出示证据时，李莹早已经热泪盈眶，现在审判员让她答辩。李莹激动地说，刘大钢是"死人"立遗嘱。他在第一次"死亡"前已经立"遗嘱"让自己处置房产，自己已经按照他的"遗愿"处理过房子；现在他又立遗嘱再处理房产，完全是不讲信用的行为。他活着的时候祸家殃亲，死了后还要通过遗嘱害人，她坚决不承认刘大钢在法律宣告其"死亡"期间所立的遗嘱，强烈要求法院驳回原告的诉讼请求。

按照李莹的答辩说法，刘大钢前后死了两回，所以，李莹才说他是"死人"立遗嘱。这个事情的真相，还得从10年前说起……

1997年，当时的李莹年轻、美丽，对爱情和幸福生活充满了憧憬。通过介绍，她与在银行担任高管的刘大钢相识。刘大钢白面书生，戴副眼镜，对人儒雅热情，对李莹呵护有加，让李莹感觉自己有了依靠。在亲朋好友的赞扬和祝福声中，李莹和刘大钢步入了婚姻的殿堂。当刘大钢将结婚戒指戴在她手上，当着200多位宾客的面说出："我爱你，要给你一生的幸福和快乐！"李莹感动得流下了眼泪，她觉得自己是世界上最幸福的女人。然而，天有不测风云，人有旦夕祸福。结婚不到30天，新郎刘大钢就失踪了。

那天，李莹下班后回到家中，一眼就看到餐桌上有一封信。她好奇地拿起这封信，发现既没有写收寄人地址，也没有封口。她就好奇地拿出信，展开一看，"遗书"两个大字赫然映入眼帘。李莹当时就蒙了，她急忙看了下去。

刘大钢在留下的"遗书"中，陈述了自己不得不去"死"的秘密，上面这样写道：

亲爱的莹莹：

这是件难以启齿的事，因为事发紧急我不得不离开你。因为挪用了巨额资金无力归还，我马上面临银行的年终考核追责，与其苟活人间在监狱中受苦，我不得不选择永远地离开。我十分悔恨，但赎罪无门，股市的黑洞吸走了我的全部投资，我为自己的贪婪和自信就要付出生命的代价……

看完遗书，李莹明白丈夫因为挪用公款犯了事，不得不选择自杀谢罪。

过去，李莹和刘大钢在谈恋爱的时候，从来没有感觉到他有什么反常的举止。他承诺要给李莹幸福的生活和美好的明天，李莹也觉得自己是世界上最快乐的新娘。谁知道，蜜月还没有过完新郎就要自杀。他挪用了多少公款非得自杀不可？难道他对自己和婚姻都不留恋？他是不是还有其他问题瞒着自己？

李莹急忙把丈夫离家出走的消息通知了双方父母，两家人商量下来，纸里包不住火，决定还是向警方和单位报案。后来，警方的侦查也证实，刘大钢利用职务便利挪用客户的资金炒股造成巨额亏损，眼看其违法行为就要暴露，遂弃家出逃，遗言要在他和李莹留下爱情记忆的杭州西湖告别人世。

刘大钢失踪的消息很快就传了出去，那些受害的客户先到银行吵闹，然后又纷纷涌到刘大钢家里追债。他们将新房里值钱的、能够移动的物品全部搬走。沙发、彩电、冰箱统统搬走，被褥、窗帘也被人抱走，甚至连浴盆、抽水马桶也被人拆走，可用"席卷一空"来形容这一场景。

李莹一个弱女子，面对这突发的事件束手无策，眼睁睁看着自己的幸福生活瞬间变成了人间地狱，由于家里已经被洗劫一空，她只能无奈地在外面租房过起了孤独凄凉的独居生活。那个寒冷的冬天，让她终生难忘。

刘大钢失踪后，李莹曾经跑到杭州西湖旁去寻找，又在本地和杭州两地公安机关报了人口失踪。然而，四季更替，时光流逝，刘大钢死不见尸，活不见人，没有任何音信。李莹在漫长的等待中通过法院先后宣告了刘大钢的失踪和死亡。按照我国民法通则的规定，公民下落不明满二年的，利害关系人可以向人民法院申请宣告他失踪；公民下落不明满四年的，利害关系人可以向人民法院申请宣告他死亡。宣告死亡与自然死亡产生同样的法律后果。这就是刘大钢第一次"死亡"的经过，只不过这个"死"不是自然死亡而是法院宣告的死亡，李莹在法庭上所说的他是"死人"立遗嘱的原因就在这里。

既然刘大钢生前自己购买的房产，他把自己的房子交给爸爸继承无可厚非，为什么妻子李莹要反对呢？而她在法庭上说的房屋已经处理又是指什么呢？

● 婚前房产起纠纷　代理继承费思量

1996年，刘大钢在结婚前按揭贷款花34万元买了一套两室一厅的房子做新房，当他为躲避挪用公款的法律责任出逃时，留下"遗书"将房屋的处置权给了李莹。

在刘大钢的"遗书"中，涉及房产部分这样写道："……我的恶行害了许多人，我实在是无颜再活在世界上，我的房子你看着处理吧，如果能够抵偿一点债务，那么我心里总会好受点。只是我不能给你留下什么，我实在惭愧啊。"现在，李莹的公公起诉就是要继承这个房产。

刘大钢挪用的款项不仅是银行客户的资金，还有亲属委托他存取的款项，其中就包括李莹舅舅的60万元。刘大钢害公家、损亲人的违法行为也使李莹深感在亲属面前抬不起头来，在刘大钢逃跑后，李莹根据刘大钢的委托授权将房屋抵债给了舅舅。所以，李莹在法庭上讲的房屋已经处理，就是指已经以物抵债。

既然刘大钢已经被法院宣告为死亡，那么他在宣告死亡的判决没有撤销期间可以立遗嘱处分自己的财产吗？通俗地讲，"死人"可以立遗嘱吗？既然当年他已经委托妻子李莹处分了他的房子，现在可以再处分给自己的爸爸吗？这两个民事行为到底哪一个更有效呢？

原告公公的代理律师指出，刘大钢被宣告死亡期间，有民事行为能力，可以处分自己的财产，所立遗嘱按照法律的规定有效。对于李莹陈述已经把房屋抵债的事实，他不予认同。他说李莹舅舅与李莹是亲属关系，抵债一说不能成立，他们可能是恶意串通。现在，房屋产权仍然登记在刘大钢名下，可以根据遗嘱继承，所以仍然坚持继承的请求。

被告李莹的代理律师指出，本案遗嘱无效。因为刘大钢在立遗嘱时仍然处于被宣告死亡期间，自然人的民事权利开始于出生，终止于死亡。因此，在"死亡"期间刘大钢是没有民事权利能力和行为能力的；同时，继承纠纷还涉及民事代理行为的认定。由于李莹是按照刘大钢委托处理的房产，并且将房屋抵债给了债权人，所以，委托行为是合法有效的，其所产生的后果应由刘大钢承担。基于代理行为房屋已经抵债，原告现在不能继承，法院应当据此驳回原告的继承请求。

众所周知，宣告死亡与生理死亡不同，生理死亡是客观事实，宣告死亡是法律事实，也就是说法院根据自然人失踪达到一定时间的事实，推定他已经死亡的事实。由于宣告死亡是在死不见尸活不见人的情况下推定的事实，所以，有的时候被宣告死亡的人活着，他享有民事权利能力，可以实施民事行为。因此，最高人民法院《关于贯彻执行

《中华人民共和国民法通则》若干问题的意见（试行）》第三十六条第二款规定："被宣告死亡和自然死亡的时间不一致的，被宣告死亡所引起的法律后果仍然有效，但自然死亡前实施的民事法律行为与被宣告死亡引起的法律后果相抵触的，则以其实施的民事法律行为为准。"所以，原告的代理律师指出本案的性质是遗嘱继承，遗嘱是刘大钢的真实意思表示，刘大钢在被宣告死亡期间所立遗嘱是合法、有效的。

独任审判的法官审理到此，发现案件事实不是简单的而是复杂的，权利义务关系表面明确实际上并不明确，于是审判员宣布休庭，将另组合议庭，开庭时间再行通知。

李莹的故事被媒体得知后，报纸和电视台纷纷进行报道，挖掘出刘大钢死去活来立遗嘱的事实经过：

刘大钢犯罪逃亡之后，并没有勇气去赴死，而是隐匿到了南方某城市。春去春来，花开花落，一晃10年过去了，李莹的心境已经慢慢平复，她适应了一个人的生活，本以为从此可以摆脱往日心灵上的阴影，在与学校孩子们的相伴中重启自己的人生。

不料，2007年秋天的一个下午，李莹接到了一个电话，这个电话犹如晴天霹雳，顿时让她百感交集、神情恍惚。原来"死亡"的新郎刘大钢又出现了，他因患上绝症回到了故乡。

当李莹再见到他的时候，10年前的刘大钢和10年后的刘大钢已经今非昔比，因为惊恐不安的逃亡生活，他长期处于精神高度紧张的状态，已经身患肝癌，将不久于人世。故此，在离开人世前他回到了家乡，想再见见家人和李莹。李莹看着这个躺在病床上奄奄一息的绝情爱人，不知是喜是忧。她振奋精神，每日到医院陪护，向刘大钢讲了他逃亡后的情况，包括房屋抵债给自己舅舅的经过，刘大钢听了以后没有表示异议，只是反复说我对不起你。他在临死前拉着李莹的手说："这辈子我不能报答你，下辈子做牛做马报答你。"不料，在此期间，刘大钢却背着李莹给父亲立下了代书遗嘱。

2007年10月底，刘大钢因病死亡，李莹又陷入了极度悲伤之中。

以往想象中的死亡变成了现实中的死亡,她感到自己心里被完全掏空了,每日在家以泪洗面。不料,刘大钢死亡不足百天,李莹又开始了一场讼争,公公把她告上了法庭,要求按照刘大钢的遗嘱继承房产。

社会舆论十分同情李莹,有人说,刘大钢应当以自己的财产补偿受害人,李莹按照他的委托将房屋处理给自己的舅舅没有问题;还有人说李莹为他守了10年寡,即使用这个房子报答李莹也不足以弥补她的痛苦,刘大钢的爸爸不应当再要房子。但是,也有法律界的人士指出,房产受物权法律的调整,只要在房地产管理部门登记的房屋产权仍然是刘大钢的,刘大钢的遗嘱就是有效的,刘大钢爸爸就可以依法继承。那么,到底谁是谁非?房屋又应当归谁所有呢?

● 10年间死去活来　情与法如何平衡

李莹舅舅得知这场官司后,向法院提出申请,要求参加诉讼。大家知道,打官司一般是一方当事人告另一方当事人,提起诉讼的一方是原告,另一方自然就是被告。既然李莹舅舅没有被告,他怎么申请参加诉讼,他诉讼的身份是原告还是被告呢?

原来,有时候案件事实没有那么简单,双方打官司可能会牵扯到第三方。比如小两口打官司闹离婚,双方都主张要房子,这时候一方的妈妈站出来说,你们谁也别争了,这个房子是我花钱买的,房屋所有权应当归我。这个妈妈就是案件的第三人,在处理小两口离婚的案件中要考虑第三人的利益。所以,我国法律为了保护社会和谐与公民的合法权益,对于第三人参加诉讼进行了规定。2007年修正的《中华人民共和国民事诉讼法》第五十六条第二款规定,"对当事人双方的诉讼标的,第三人虽然没有独立请求权,但案件处理结果同他有法律上的利害关系的,可以申请参加诉讼,或者由人民法院通知他参加诉讼"。李莹在丈夫刘大钢出逃后已经把房屋抵债给了自己的舅舅,现在刘大钢又立遗嘱把这个房屋指定给爸爸继承,这样一来,这场官司必然涉及李莹舅舅的权益。如果认定抵债有效,李莹舅舅可以继续享有房屋的支配权;如果抵债无效，李莹舅舅就必须把房屋交给刘大钢的爸爸。

法院根据本案的实际情况，同意李莹舅舅作为第三人参加诉讼。3个月后，法院开庭进行了第二次审理。

李莹舅舅在法庭上提出，刘大钢逃亡后，李莹根据刘大钢侵占自己60万元财产的事实，将价值34万元的房产抵债给了自己，尚欠26万元没有清偿。由于该房屋是按揭贷款购买，还有20万元的贷款没有偿还完毕，银行将刘大钢起诉至法院，法院缺席审理判决后，银行申请强制执行要拍卖房屋，在这样的情况下，他曾经找过原告刘大钢的爸爸，问刘大钢的房屋贷款事情如何处理？刘大钢爸爸当时回答，儿子生死不明，贷款的事情他管不了。于是，李莹舅舅又出面归还了银行贷款本息22万元，从而保住了即将拍卖的房屋。10年来，他在房屋装修、物业管理等费用上花费了10多万元，还到房地产交易中心去办理房屋产权从刘大钢变更为自己的登记手续，房地产交易中心说刘大钢本人必须到场才能办理有关手续，所以没有完成房屋产权变更登记。但是，房屋确实应当归自己所有。李莹舅舅就自己的主张向法庭出示了有关证据。

案件一波未平一波又起，系争房屋不但抵债不能继承了，而且，李莹舅舅又归还了22万元的贷款本息，如果法院判决原告李莹的公公继承房屋的话，这笔账又如何计算，由谁承担呢？

刘大钢爸爸的代理律师指出，刘大钢的生前欠债没有生效的法律文书证明，不予承认；李莹舅舅对房屋的支出不影响所有权人的认定，所谓抵债一说不能成立，仍然坚持继承房屋的请求。

李莹的代理律师指出，原告虽然向法院提交了产权预告登记表，根据本市《房地产登记条例》第四十九条"自房屋所有权初始登记之日起满两年，当事人未申请土地使用权、房屋所有权或者房地产他项权利登记的，该预告登记失效"的规定，由于被继承人刘大钢在两年内没有进行房屋所有权登记，所以根据最高人民法院《关于贯彻执行〈中华人民共和国民法通则〉若干问题的意见（试行）》第七十六条"附期限的民事法律行为，在所附期限到来时生效或者解除"的规定，该书证已经失去法律效力，不能作为刘大钢房屋已经进行产权登记的事实根据。李莹舅舅归还银行贷款和为房屋支出费用的事实证明，房屋抵债一事属实，要求驳回原告的诉讼请求。

面对诉讼三方都坚持自己对房屋拥有权利的请求，法院决定对发生继承争议的房屋进行价值鉴定，待鉴定结果出来后再进行审理，法院宣布第二次休庭。

时间又过去了几个月，房屋价值的评估报告出来了，结论是现在房屋的市场价值是80万元，诉讼各方都没有表示异议。于是，法院择期进行了第三次开庭审理，经过激烈的辩论，法庭审理结束。

2008年10月，案件终于有了一审判决。法院判决指出：本院认为，有民事行为能力人在被宣告死亡期间实施的民事法律行为有效，公民可以立遗嘱将个人财产指定由法定继承人的一人或者数人继承。被继承人刘大钢是完全民事行为能力人，订立遗嘱系其真实意思表示，遗嘱内容未违反法律或者社会公共利益，该份遗嘱形式合法、真实性无异，予以采信。被继承人刘大钢将其个人所有财产指定由原告继承，则自被继承人死亡时起该部分财产权利即归原告所有，原告的诉讼请求符合继承法的规定，予以支持。

继承遗产应当清偿被继承人依法应当缴纳的税款和债务，缴纳税款和清偿债务以遗产实际价值为限。被继承人刘大钢与被告李莹之间有民事代理意思表示。但被继承人刘大钢授权不明，第三人李莹舅舅也未因此获得房屋所有权，故他为系争房屋支付的22万元贷款本息，系清偿被继承人刘大钢所欠的个人债务，原告公公依遗嘱继承被继承人房产后，应当向第三人李莹舅舅清偿。第三人李莹舅舅减损自身财产支配、增值机会，保护了被继承人的遗产，从公平原则出发，兼顾第三人居住适用该房屋的状况，原告公公应当给予第三人李莹舅舅合理补偿，具体金额，本院参照中国人民银行相关贷款利率酌定。最后，法院依法判决房屋归原告公公所有，原告给予第三人李莹舅舅清偿贷款本息22万元，补偿第三人李莹舅舅25万元。判决作出后，各方均没有上诉，本案落下了帷幕。

● **法点释义**：民事代理 >>>

民事代理，是平等民事主体之间的民事法律关系，代理人以被代理人的名义，在代理权限内实施民事行为，其法律后果直接由被代理人承担，分为委托代理和法定代理。

代理源于被代理人的授权，并以被代理人名义实施，代理人要按照被代理人委托行使代理权，有过错要担责。

● **法律链接**：民事代理效力 >>>

案发时法律规定：《中华人民共和国民法通则》

第六十三条 公民、法人可以通过代理人实施民事法律行为。

代理人在代理权限内，以被代理人的名义实施民事法律行为。被代理人对代理人的代理行为，承担民事责任。

依照法律规定或者按照双方当事人约定，应当由本人实施的民事法律行为，不得代理。

民法典新规定：《中华人民共和国民法典》

2021年1月1日起施行的民法典，将"代理"列入第一编总则中，并对原民法通则和民法总则中的相关规定进行了修订和完善，增加了共同代理、禁止自己代理和双方代理的规定。其中跟本案有关的规定：

第一百六十一条 民事主体可以通过代理人实施民事法律行为。

依照法律规定、当事人约定或者民事法律行为的性质，应当由本人亲自实施的民事法律行为，不得代理。

第一百六十二条 代理人在代理权限内，以被代理人名义实施的民事法律行为，对被代理人发生效力。

第一百六十三条 代理包括委托代理和法定代理。

委托代理人按照被代理人的委托行使代理权。法定代理人依照法律的规定行使代理权。

第一百六十四条 代理人不履行或者不完全履行职责，造成被代理人损害的，应当承担民事责任。

代理人和相对人恶意串通，损害被代理人合法权益的，代理人和相对人应当承担连带责任。

根据行为时法律规定，李莹根据被继承人刘大钢的授权，将房屋抵债给自己的舅舅，行为没有超出委托的权限，其后果自然应当由刘大钢承担。但由于房产没有办理过户更名手续，所以代理事项没有完成，房屋所有权仍然在刘大钢名下。

随着法院判决的生效和执行，继承官司结束了。尽管刘大钢死亡前的行为涉嫌犯罪，由于他因病死亡，根据我国刑事诉讼法的规定不追究刑事责任。所以，刘大钢"死"而复活引发的风波落下了帷幕。

大千世界，纷繁复杂，民事行为比比皆是。由于每个人的民事行为未必都亲自实施，所以，在遇到委托代理实施民事行为时，要注意审查委托人的真实意思表示和受托人的受托权限，以及委托行为的合法性。当行为人有两个相互矛盾的民事法律行为时，法律保护合法的民事法律行为。

离婚之谜

 关键词：夫妻共同债务

俗话说，天有不测风云，人有旦夕祸福。2007年冬天的第一场雪，让陆国明与陈梅这对夫妻的生活发生了巨大变化。

● 雪夜货车惹祸端　肇事撞人致伤残

陆国明与陈梅结婚后，在离家不远的地方开了一家小型超市。由于方便了周围居民的购物，加上夫妻两人待人热情周到，商品物美价廉，所以生意十分红火。

尽管开超市的工作十分辛苦，但是天道酬勤，他们的小日子也美满幸福。后来，因为生意越做越大，需要买一辆车去进货。为了省钱，陆国明通过熟人买了一辆已经达到报废标准的小货车，这辆车的年检和保险手续都没有，他心里想，反正我只用它进货，就偷偷开吧。

2007年的冬天，天气极其寒冷，光秃秃的树枝空无一叶，地上的积雪已经成冰。那天，陆国明开车去进货。由于雪后路滑，去时他一路上小心翼翼，十分谨慎。回家的时候夜色降临，马路上除了飘落的雪花，几乎没有车辆，陆国明无形中加快了车速。在最后一个路口右转弯时，他突然与一个骑电动车过路口的女人相撞。伴随着一声刺耳的刹车声，那个女人被撞倒在马路上。

这个女人叫姜红英，她当场被撞昏迷了。陆国明看到自己撞人了，急忙从车上下来跑到姜红英身旁。看见姜红英的衣服上淌满鲜血，陆国明马上拨打了报警电话。一会儿，急救车把姜红英送往医院抢救，交警勘察了事故现场，拖走并扣押了肇事车辆。

在严寒的冬季，陆国明本来希望快点回到温暖的家中，但是，天不遂人愿，快到家的时候竟然发生了车祸，将路人姜红英撞伤，不但自己回不了家，还让姜红英住进了医院。

姜红英被送进医院后，医院立即对她进行了全面检查，发现她脑挫裂伤、脊椎骨折、肋骨断裂、左大腿骨骨折，伤势危重，随时有失去生命的危险。医院组织专家对她进行了抢救，在昏迷了整整7天之后，姜红英苏醒了。

在姜红英住院治疗期间，交警对他们双方进行了询问，了解了事情发生的经过：

姜红英在一家纺织品公司工作，当天她加了两小时的班，下班后天已经黑了。她急着赶路回家，所以电动车开得很快。在横过路口时，没有注意到陆国明开车右转弯，她只感到一个黑影撞了上来，就什么都不知道了。

交警根据现场勘察的情况，结合双方的陈述，认定陆国明驾驶不准上路行驶的机动车，在雪天经过路口时，没有本着安全的原则减速通过，发现姜红英时不能采取有效的制动措施，造成道路交通事故的发生，违反了我国道路交通安全法第十四条和第四十二条的有关规定（第十四条第二、三款规定："应当报废的机动车必须及时办理注销登记。达到报废标准的机动车不得上道路行驶。报废的大型客、货车及其他营运车辆应当在公安机关交通管理部门的监督下解体。"第四十二条规定："机动车上道路行驶，不得超过限速标志标明的最高时速。在没有限速标志的路段，应当保持安全车速。夜间行驶或者在容易发生危险的路段行驶，以及遇有沙尘、冰雹、雨、雪、雾、结冰等气象条件时，应当降低行驶速度。"），应当承担事故的主要责任。姜红英在横过路口时，按照规定应当下车推行，但是，姜红英却开着电动车驶过路口，违反了《中华人民共和国道路交通安全法实施条例》第七十条之规定（第七十条第一款规定："驾驶自行车、电动自行车、三轮车在路段上横过机动车道,应当下车推行,有人行横道或者行人过街设施的,应当从人行横道或者行人过街设施通过;没有人行横道、没有行人过街设施或者不便使用行人过街设施的,在确认安全后直行通过。"),应当承担事故的次要责任。

经过5个月的住院治疗,姜红英出院回家休养。出院时,医生嘱咐她要进行康复锻炼。据医生诊断,她需要两年左右的时间才能生活自理。

姜红英出院后,做了伤残等级评定,被认定为2级伤残。姜红英定残之后,交警根据我国道路交通安全法的有关规定,组织双方进行了一次民事调解。由于姜红英提出的赔偿数额和陆国明愿意承担的赔偿数额差异巨大,加上姜红英的伤势治疗终结还需要很长时间,在双方不能达成一致的情况下,交警部门作出了终止调解的决定。

鉴于陆国明驾驶报废车辆致姜红英重伤的行为已经构成交通肇事罪,警方对陆国明采取了取保候审的强制措施。最后,法院根据他的悔罪态度和案件情节对他判处缓刑。根据交警部门的认定和法院判决,陆国明和姜红英之间发生的道路交通事故责任承担有了法律上的依据。接下来,陆国明和姜红英会怎么处理他们之间的赔偿纠纷呢?

● 夫妻情断伤离别　　肇事赔偿成空话

姜红英受伤后,陆国明和陈梅曾多次前往医院看望,并且支付了她住院期间的全部费用。姜红英对于陆国明一家在发生车祸后的态度没有意见,所以,当她得知可以出院回家进行康复锻炼时,就及时办理了出院手续。

出院后,陆国明和陈梅带着慰问品又上门探望了几次,姜红英由于受伤太重,所以恢复缓慢,花销的费用也不断增加,包括医疗费、营养费、护理费、误工费等。

陈梅没有想到丈夫的一次莽撞行为,竟然给自己和家庭带来这么大的精神和经济负担,对陆国明的埋怨越来越多,抱怨他为了省几个破钱，赔上了几年的积蓄。陆国明本来对于自己交通肇事就悔恨不已，又被妻子陈梅整天唠叨，更是心烦意乱。所以，夫妻俩在一起很别扭，动不动就争吵，有的时候甚至当着姜红英的面也争吵，越吵夫妻感情越受伤。很快，陆国明和陈梅陷入了冷战状态，夫妻俩谁也不理谁。陈梅一想，现在家里小超市挣的钱都赔给姜红英做医药费了，看姜红英的伤势，还不知道要负担到什么时候，这日子过的还有什么意思？于是，她萌发了与丈夫陆国明离婚的念头。

陈梅与丈夫陆国明离婚的念头越来越强烈，在一次争吵后她向陆国明提出来要离婚。陆国明每天生活在陈梅的抱怨中，心中也早就烦了，同样有了分手的念头。所以，当陈梅提出离婚的想法后，他马上表示同意。在他们协商分割财产时，陈梅提出除了那辆肇事的车辆外，其余的财产归自己。陆国明不同意，他说："那辆车已经被交管部门扣押，你这不是让我净身出户吗？"陈梅反驳道："家里的财产都被你赔光了，你还想要什么？"陆国明感到心中有愧，就说："家里的财产可以都给你，但是以后如何赔偿姜红英呢？"陈梅说："车祸是你闯的，跟我无关，你应当自己承担赔偿责任。"陆国明说："我这也是为家庭闯的祸啊！"陈梅不同意："为什么让家庭承担，我让你开车撞人了？"

在不断地争吵和讨价还价声中，陆国明与陈梅办理了离婚手续。他们以夫妻感情破裂为由到民政部门协议离婚，除一辆小货车和10万元现金归陆国明所有外，其余的家庭财产都归陈梅所有。陆国明与陈梅领取了离婚证。

一对好好的夫妻因为过不下去分手了，真是一场车祸打得鸳鸯散啊，但是，姜红英的赔偿问题还没有结束，接下来，他们面临的这个棘手的问题该如何解决呢？

离婚后，陆国明和陈梅专门到了姜红英家，对她说明了夫妻离婚的情况，但是，没有说明夫妻财产分割的情况。陆国明向姜红英表示："你放心，虽然我们离婚了，但是你的治疗费不用担心，我一定承担赔偿责任。"当天，他给姜红英留下了2万元，姜红英为他们夫妻离婚而惋惜，但是自己也爱莫能助，对于他们关于赔偿问题的安排也没有表示异议。

为了让姜红英放心，没过多久，陆国明与姜红英就赔偿问题签订了书面协议，除了已经支付的款项以外，陆国明再分期赔偿姜红英医药费、残疾者生活补助费、护理费、误工补助费等各项损失人民币50万元。双方在协议上签字画押，并且到公证处办理了赋予债权文书具有强制执行效力的公证。

赋予强制执行效力的公证债权文书，是指公证机关根据我国公证法的规定，对于追偿债款、物品的文书进行审查，认为事实清楚，双方没有争议并经当事人申请，制作的证明该项文书具有强制执行力的公证书。

协议签订后不久，陆国明支付了第一期赔偿款5万元。但是，到了第二期付款10万元的时间，陆国明却没有出现。姜红英给他打电话，他说在外地打工挣钱，过几个月给她汇过来。姜红英等了几个月，陆国明还是没有动静，姜红英在电话里就不客气了，质问他："你是什么意思？是不是想赖账啊。"陆国明马上表态，下午就汇款，让她去查。等到了下午，姜红英到银行自动柜员机上一查，陆国明只汇给她5000元。姜红英就又打电话给陆国明。他解释说没有挣到钱，让她耐心在家等。

姜红英急着拿钱治病，她哪有时间耐心等。于是，她三天两头打电话催陆国明，一开始陆国明还敷衍她，到后来索性关机了。姜红英一气之下，又到公证处办理了执行证书公证。

执行证书公证，是指公证处根据债权人的申请，对逾期未履行公证处依法赋予强制执行效力债权文书约定的债务人，经公证处的调查核实并无争议后，对债权人出具的附有执行期限和执行标的的一种公证文书，债权人执此公证书可直接到有管辖权（被执行人住所地或被执行财产所在地）的人民法院立案申请强制执行，从而实现债权人的债权利益。

姜红英拿着公证过的执行证书向法院提出了执行申请。2007年修正的《中华人民共和国民事诉讼法》第二百一十四条第一款规定："对公证机关依法赋予强制执行效力的债权文书，一方当事人不履行的，对方当事人可以向有管辖权的人民法院申请执行，受申请的人民法院应当执行。"法院依法立案对陆国明进行了执行，由于陆国明确实没有了财产，法院无法执行到双方在协议书中约定的赔偿款项，于是，法院因为陆国明暂时无力支付欠款而中止执行。

姜红英没有想到，一贯态度很好的陆国明竟然会赖账，而且法院也拿他没有办法，尽管他没有钱的理由很充足。但是，自己治病也需要钱啊！难道你陆国明没钱，自己就自认倒霉吗？姜红英觉得这口气实在难以下咽，接下来，她要采取法律措施维护自己的合法权益。

● 夫妻情了债未了　赔偿义务不容推

陆国明答应赔偿姜红英 50 万元，结果竟然以没有钱为由逃避责任。姜红英咽不下这口气，决定去找陆国明前妻陈梅。她来到了分给陈梅的超市，向陈梅讲了陆国明赖账的事情，希望陈梅能够劝陆国明依约履行赔偿义务。陈梅听了以后对她说："我们离婚以后一直没有联系，他的具体情况我也不知道。你既然联系不上他，我肯定也联系不上他。"姜红英一听陈梅的意思是不管这个事，心里就有些不高兴了，她说："你们曾经是夫妻，还有孩子，难道平时从不联系吗？"陈梅说："他把家都败完了，我还跟他联系什么？"姜红英生气地对她说："如果你也联系不上他，那只有你先替他还款了。"陈梅干脆利落地拒绝："我们已经离婚了，我没有义务替他还账，他的事他自己承担。要赔钱，你找他去要。"

姜红英找陈梅无功而返，陈梅既不愿意联系陆国明，也不愿意替他赔偿，理由是他们已经离婚。姜红英回到家后想，他们夫妻以前关系很好，为什么在发生车祸后离婚，而且陆国明还远离家乡到外地打工，陈梅超市经营得很好却不赔偿，难道他们是为了逃避债务欺骗自己假离婚？难道陈梅离婚了就对自己没有赔偿责任了？

姜红英感到陆国明和陈梅的离婚中另有名堂,经过向律师咨询以后,她向法院提起诉讼,要求陈梅对陆国明的欠款承担连带清偿责任。

法院立案后,择期进行了开庭审理。

原告姜红英诉称,被告陈梅与陆国明曾经是夫妻,对于夫妻关系存续期间的共同债务负有赔偿义务,请求法院依法判令被告陈梅承担赔偿责任。

被告陈梅答辩称,她与陆国明离婚时已经约定由陆国明承担对原告姜红英的赔偿责任,并且通知了原告,原告没有表示异议,所以,希望法院驳回原告提出的诉讼请求。

法院根据诉讼双方陈述的事实,总结本案有如下几个法律焦点问题:

一、原告姜红英的赔偿款是不是陆国明与陈梅夫妻关系存续期间的共同债务?

● **法点释义:夫妻共同债务** >>>

夫妻共同债务,是指为满足夫妻共同生活需要所负的债务。夫妻共同债务是在婚姻关系存续期间,夫妻双方或者其中一方为夫妻共同生活对第三人所负的债务。

陆国明的交通肇事行为虽然发生在他与陈梅夫妻关系存续期间,但是这种因为侵权所产生的债务不同于夫妻共同生活期间的正常债务,如借款、贷款等行为,陆国明个人侵权行为所产生的债务能否认定为他和陈梅婚姻关系存续期间的共同债务,人们有着不同的认识。

一种观点认为,陆国明交通肇事所产生的债务,应当认定为他个人的债务,因为陆国明不是为了家庭利益,而是个人交通违章所产生的债务。持该观点的人认为,判断夫妻共同债务与个人债务有两个标准:一是夫妻有无共同举债的合意;二是夫妻是否分享了债务所带来的利益。本案中,由于陆国明对于交通事故的发生在主观上是过失,不可能存在与陈梅的合意，就是说他们没有事先沟通，且该交通事故给陆国明带来的仅是经济损失，属于没有利益的性质，陈梅并未从中分享利益，故该交通赔偿款只能是陆国明的个人债务。

另一种观点认为，根据我国婚姻法第四十一条"离婚时，原为夫妻共同生活所负的债务，应当共同偿还"的规定，判断夫或妻个人行为所产生的债务是个人债务还是夫妻共同债务，是看这种行为是不是为了家庭共同生活，根据权利与义务相一致原则，即使行为所带来的是坏的结果，夫妻双方仍应对此行为所带来的一切后果负责。陆国明交通肇事当天是为家庭经营的超市驾驶小货车外出购货，该经营行为所得将直接用于家庭共同生活，而交通肇事就发生在此过程中。姜红英的赔偿，是陆国明为家庭共同生活所负的债务，应当认定为他与陈梅夫妻关系存续期间的共同债务。

二、原告姜红英与被告陆国明签订的人身损害赔偿协议，是否证明赔偿问题已经属于陆国明的个人债务？

我国婚姻法将在夫妻关系存续期间发生的债务原则上认定为夫妻共同债务。但也有两种例外情况：一是夫妻对婚姻关系存续期间所得的财产约定归各自所有的，并且第三人知道该约定的，夫或妻一方谁负债谁偿还；二是债权人与债务人明确约定为个人债务。本案中，原告姜红英与被告陆国明签订了书面赔偿协议书，认定由陆国明承担赔偿姜红英的义务，陈梅未出现在这个赔偿协议之中。陈梅正是根据这一点抗辩交通事故赔偿是陆国明的个人债务，与她无关。她的理由能够成立吗？

一种观点认为，《最高人民法院关于适用〈中华人民共和国婚姻法〉若干问题的解释（二）》第二十四条规定："债权人就婚姻关系存续期间夫妻一方以个人名义所负债务主张权利的，应当按夫妻共同债务处理。但夫妻一方能够证明债权人与债务人明确约定为个人债务，或者能够证明属于婚姻法第十九条第三款规定情形的除外。"说明夫妻共同生活期间的债务在一定的条件下可以认定为个人债务，以此规定结合本案事实，由于陆国明是造成姜红英受伤的侵权人，所以，他应当承担对姜红英的民事赔偿责任。陆国明与姜红英签订的赔偿协议明确了赔偿主体是陆国明，属于司法解释规定的债权人与债务人明确约定为个人债务的民事法律行为，因此，本案的赔偿问题应当认定为陆国明的个人债务，陈梅没有义务承担。

另一种观点认为，陆国明与姜红英签订的赔偿协议书仅从交通肇事的角度出发，明确了行为人陆国明的赔偿责任，并没有涉及承担赔偿责任的财产来源。由于陆国明和陈梅在离婚时没有向姜红英说明他们共有财产的分割情况，因此，不能用赔偿协议书来证明姜红英已经同意由陆国明用他个人的财产承担赔偿责任。所以，本案夫妻关系存续期间共同债务的性质没有发生转变。

三、陆国明和陈梅离婚时的财产分割协议效力是否影响姜红英向陈梅提出赔偿请求？

一种观点认为，陆国明与陈梅离婚时已经就夫妻共同财产进行了分配，并且这一分配没有违反法律的规定，姜红英在得知他们离婚的消息时，作为正常人也应当知道他们肯定会分割夫妻共同财产，按道理她可以要求他们先赔偿再分配，但是，她没有主张这个权利，说明她已经放弃要求他们共同赔偿的权利。所以，离婚后，陆国明应当用分配的个人财产承担赔偿姜红英的责任。

另一种观点认为，陆国明与陈梅的离婚协议中虽然没有涉及车祸赔偿责任的承担，但这并不影响姜红英向他们任何一方主张清偿债务。由于他们在共同财产分割过程中没有征求姜红英的意见，陆国明放弃大部分财产的结果，造成了他们夫妻以协议方式侵害姜红英合法权益的后果。故离婚协议仅解决了陆国明和陈梅之间内部的财产分割问题，并未改变婚姻存续期间他们与姜红英之间的外部关系，姜红英仍然有权就夫妻共同债务向陈梅主张赔偿。

最后，法院认为，该交通事故赔偿款为陆国明与陈梅的夫妻关系存续期间的共同债务。两人的离婚协议不能对抗债权人姜红英，故应由两人共同对外承担清偿义务。

● **法律链接：夫妻共同债务清偿** >>>

案发时法律规定：《中华人民共和国婚姻法》

第十七条　夫妻在婚姻关系存续期间所得的下列财产，归夫妻共同所有：（一）工资、奖金；（二）生产、经营的收益；（三）知识产权的收益；（四）继承或赠与所得的财产，但本法第十八条第三项规定的除外；（五）其他应当归共同所有的财产。

夫妻对共同所有的财产，有平等的处理权。

第四十一条　离婚时，原为夫妻共同生活所负的债务，应当共同偿还。共同财产不足清偿的，或财产归各自所有的，由双方协议清偿；协议不成时，由人民法院判决。

民法典新规定：《中华人民共和国民法典》

2021年1月1日起施行的民法典，将夫妻共同财产规定编入民法典第五编"婚姻家庭"。在夫妻共同财产中规定了家事代理权，即夫妻一方因家庭日常生活需要而实施的民事法律行为，对夫妻双方发生效力，但是夫妻一方与相对人另有约定的除外。夫妻之间对一方可以实施的民事法律行为范围的限制，不得对抗善意相对人。还将劳务报酬、投资收益规定为夫妻共同财产。对夫妻共同债务做出了定义，对于此类问题今后的处理指明了方向。

第一千零六十二条　夫妻在婚姻关系存续期间所得的下列财产，为夫妻的共同财产，归夫妻共同所有：

（一）工资、奖金、劳务报酬；

（二）生产、经营、投资的收益；

（三）知识产权的收益；

（四）继承或者受赠的财产，但是本法第一千零六十三条第三项规定的除外；

（五）其他应当归共同所有的财产。

夫妻对共同财产，有平等的处理权。

第一千零六十四条 夫妻双方共同签名或者夫妻一方事后追认等共同意思表示所负的债务，以及夫妻一方在婚姻关系存续期间以个人名义为家庭日常生活需要所负的债务，属于夫妻共同债务。

夫妻一方在婚姻关系存续期间以个人名义超出家庭日常生活需要所负的债务，不属于夫妻共同债务；但是，债权人能够证明该债务用于夫妻共同生活、共同生产经营或者基于夫妻双方共同意思表示的除外。

第一千零八十九条 离婚时，夫妻共同债务应当共同偿还。共同财产不足清偿或者财产归各自所有的，由双方协议清偿；协议不成的，由人民法院判决。

姜红英诉陈梅赔偿案一审判决后，陈梅不服提起上诉。二审法院经审理后认为，本案交通事故赔偿款已构成夫妻共同债务，上诉人没有证明其系个人债务的事实和法律依据，故判决驳回上诉，维持原判。

姜红英的合法权益得到了保护，陈梅与陆国明想通过离婚摆脱赔偿烦恼的目的没有实现，因为法律不保护非法的利益。同时，这个案件也启示我们，在夫妻关系存续期间产生的债务，除有特别约定或符合法律规定外，原则上视为夫妻共同债务，由夫妻共同财产清偿。所以，夫妻之间在进行重大财产处置时，一定要取得配偶的同意。

真 情 假 爱

◆ **关键词**：无效民事行为

2008年五一节期间，刘宏涛与李霞结婚了。他们在本市一家五星级酒店举行了盛大的喜宴，来捧场的宾客达500多人。看到这么隆重的结婚仪式，所有人都没有意识到，这个婚姻背后的真相竟然很快被揭穿……

● **美女英雄喜结缘　宾客蜜月讨债来**

新娘子李霞长得美丽端庄，气质优雅，像个明星；新郎刘宏涛相貌平常，个子也不高，是个普普通通的小伙子。许多人猜测，他们如此不般配是怎么走进婚姻殿堂的呢？

在婚礼仪式上，当主婚人要求新人讲一讲恋爱经过时，刘宏涛笑着推辞说没什么好讲的，但众人却不答应。在雷鸣般的叫好声中，新娘李霞含情脉脉地说起她与刘宏涛相识的经过……

那是一年前的一天，李霞在上班乘坐的公交车上被坏人骚扰，危难时刻刘宏涛挺身而出将坏人打跑，由此两个人开始相识相恋。这个英雄救美的故事，虽然影视作品和图书中不少见，但是，在现实生活中还是少见的。老年人对此啧啧称赞，现在像刘宏涛这样正直的小伙子不多了。英雄救美、古道热肠，有侠肝义胆的豪迈。年轻人更是十分羡慕，你看新郎刘宏涛，真是路见不平一声吼呀，该出手时就出手！最后，英雄抱得美人归。

刘宏涛与李霞看着济济一堂前来贺喜的宾客，心中充满了喜悦和感激之情，他们挨个桌子给客人们敬酒。当他们敬了快 50 桌的客人后，刘宏涛对李霞说："亲爱的，我已经喝得差不多了，不能再敬下去了。"李霞说："不行，就差这几桌了，你坚持一下。"刘宏涛还想再推辞，可李霞已经带头走向那几桌了，刘宏涛也只好跟了过去。

当还剩下最后一桌客人时，刘宏涛坚决不去了，他舌头有些发硬地对李霞说："那一桌都是我的哥们，我一去就得喝趴下。算了，别去了，得罪不起他们。"说着，他瘫软地坐了下来。李霞看刘宏涛也确实喝得有点多了，就体贴地说："那你先歇一会儿，我去敬敬酒。"说完，她转身要去继续敬酒。因为把最后一桌客人漏过去，从礼貌的角度讲确实说不过去。谁知李霞还没有迈步，刘宏涛就一把拉住她胳膊，说："我不行了，可能要吐酒，扶我去卫生间！"

李霞一看这个情况，不能让刘宏涛在大庭广众面前吐酒，就决定先扶着丈夫去卫生间。这时，他们身边响起一个声音："刘宏涛，我们这一桌你不来敬酒了？"李霞急忙停住脚步，扭头准备对那人道歉，结果话还没有说出口，就被刘宏涛拉着要走。刘宏涛边走边冲那桌客人挥了挥手，嘴里含糊其词地说："哥们，我喝多了，你们自己喝吧！"

"哈哈！刘宏涛，你恐怕是酒不醉人人自醉吧！"那人冷笑了两声，"要不是结婚还找不着你呢！"李霞一听愣住了，语气有点不对呀，她转身看着讲话的人："您是……"，李霞话还没有问完，刘宏涛马上利索地转身上前抱住那个人，附在他耳旁悄声说："哥，给个面子，明天再说，明天再说！"然后，他又回头对李霞说，"他是我哥们，走吧！"那个人毫无表情地看着李霞把刘宏涛踉踉跄跄地扶走。

婚礼是人生的大事，来的人都是恭贺新禧的，为什么有人会在喜宴上发出不和谐的声音？这里面难道有什么不被人知的故事？

第二天下午，午后的阳光炽热，李霞和刘宏涛才醒过来。因为昨晚的婚礼太疲劳，他们睁眼后都不想起床。李霞不由地想起昨天婚礼上那个阴阳怪气的人，就有些嗔怪地问丈夫："昨天那个人是谁呀？说话怎么味儿不对呀？"刘宏涛手捂着头思考了一下，好像在回忆李霞说的是谁，然后笑着回答说："他叫张力，从小一起长大的朋友，昨天喝多了，你不要介意。"李霞不相信："不会吧，哪有婚礼上给朋友添堵的，你们之间是不是有什么事情瞒着我？""没有，绝对没有。我向你保证！他就是那副德行。"刘宏涛辩解道。李霞听了以后虽然还不大相信，但是，也没有什么理由揪住不放。

到了傍晚时分，她家房门被敲响了，李霞一开门，发现门外站着的人就是昨天在婚礼上说难听话的张力，她心里虽然不大欢迎他，但是基于礼貌还是把张力让进门。

张力一见刘宏涛就喊："刘宏涛，你怎么说话不算话，我等了你一天了。"刘宏涛笑脸相迎："对不起，哥们。昨天我喝多了，下午才睡醒。"张力没有给他好脸看："你别找理由了。这件事情拖了半年多，你今天必须把它了结掉。"李霞一听两个人之间果然有事情，就接上话说："您有什么事情好商量，宏涛你们两个是不是有经济纠纷？"

"好，既然你问是什么事，我张力明人不做暗事。我们之间没有纠纷，事实清清楚楚，他欠我 30000 元，每次找他要都是推三阻四，打开天窗说亮话，我今天就是来要账的！"

李霞一听十分生气："什么？在朋友结婚的时候你来要 30000 元的账，你这个朋友是不是做得太绝了。好，今天我还给你。"说完，她起身就去拿钱。

刘宏涛马上拦住李霞，说："别介，你不了解情况，这事儿与你无关，我自己解决。"然后，他恳求地对张力说："哥们，大喜的日子，你能不能缓缓？咱们改天再说。"张力不答应："不行！那不是我一个人的事情，你都躲我半年了，别想再拖下去。"说着，他看向李霞，"新娘子，他欠我的账按说你也有份。"

李霞感到奇怪了："你俩的事跟我有什么关系？您要这样说，我还真不还您钱了，您找刘宏涛要吧！"说完，她两手一摊坐了下来。

张力不留情面地说，"那好，我给你解释解释……"刘宏涛马上伸手截住他话头："算了！李霞，你给他 30000 元，让他走吧！"李霞不答应了："不行！他必须把话说清楚，这笔钱跟我有什么关系？"刘宏涛急了，"好了，你先把钱给他，回头我告诉你，别让他在这儿搅和了。"

李霞不想新婚蜜月夫妻俩就开始吵架，于是就从昨天收的彩礼钱中拿出 30000 元给了张力。张力点好钱后，从怀里掏出一张纸扔在桌子上，转身扬长而去。只见那张纸上是刘宏涛白纸黑字写的欠条，但上面的数字不是 30000 元，而是 15000 元，时间是一年前的今天。

李霞一看不对啊，马上追问丈夫刘宏涛："这欠条上怎么是 15000 元啊？"刘宏涛垂头丧气地解释："开始是 15000 元，后来一直没还本金就加上利息了。"李霞不满意地说："那也不能翻一倍吧。刘宏涛，你把这 30000 元的事情说清楚，你是不是赌博借了高利贷？你说……"刘宏涛双手抱着头说："算了，今天别谈了！我不想让你生气，我保证不是赌博借的钱，这钱都是用在正道上了。"

经过和刘宏涛一年来的接触，李霞心里也清楚，刘宏涛只是一个普通的白领职员，工资不高，积蓄不多，没发现他有赌博、吸毒等恶习。于是，她琢磨刘宏涛借钱也可能是为了和她谈恋爱，毕竟谈恋爱期间的花费都是他买单的。这样一想，她心就软了，也就没有再追问下去。

● 连环要债无休止　真情假爱谁与析

李霞和刘宏涛的新婚蜜月中，虽然发生了张力来要账的不愉快事情，但是，其他时间他们两个人卿卿我我，相互之间恩恩爱爱，还是美满幸福的。时间就这样在新婚的喜悦中一天天流逝，大概过了一个月的时间，一天晚上他们正在家里看电视，门外又响起了敲门声。李霞上前开门一看，门外站着两个陌生男人："你们是？"那两个人一看门开了，二话不说就往屋里闯。其中一个人一边往里挤，一边口中叫道："怎么，美女，你不认识我了？"李霞定睛一看，这个人竟然是一年前在公交车上骚扰她的那个坏人。

顿时，那令人不快的一幕又浮现在李霞眼前。那一天，公交车上人很多，过道十分拥挤。突然，李霞感觉有人趁机摸了她臀部一下，她马上警觉地叫道："有流氓！"这一声喊震惊了全车人，人人都看向李霞。她周围的人个个肃立，生怕自己被怀疑为坏人。突然间，听见有人喊道，你敢在公共场所耍流氓。然后，就是一阵噼里啪啦的打斗声。李霞发现两个男人在扭打，其中一个人就是现在的丈夫刘宏涛，另一个就是刚才闯进门的人。

公交车司机见状把车停了下来，打开前门。他们两个人从车上打到车下，然后又一个男人也上前帮助刘宏涛打流氓，那个坏人一看寡不敌众就跑了。现在，这个坏人竟然胆敢上门来。他是怎么知道自己家地址的？他带人过来是不是要报复自己？

尽管公民见义勇为被报复的情况间或发生，但是，歹徒猖狂到在光天化日之下，上门来实施报复的情况确实罕见。刘宏涛不可能容忍这种公然挑衅行为，为了自己的爱妻他会再一次出手吗？

果然，刘宏涛一看见这两个上门的不速之客，立刻冲上前去把李霞挡在自己身后，厉声喝问："你们要干什么？"

"干什么？你说我们来干什么？我们今天是来要钱的。"

"我什么时候欠你们钱了，我警告你们别乱来啊，如果你们敢动我老婆一指头，我跟你们拼命。请你们马上走，否则我就报警了。"

那两个人一听笑了："好你个大英雄，还英雄救美呢。我呸！你对得起你老婆吗？"站在流氓身边的那个人，也伸头问李霞："你还认识我不？"

李霞这时定睛一看，再一次惊呆了。怎么回事？这个男人就是那天在公交车上帮助刘宏涛打流氓的人，那天他跟刘宏涛一起见义勇为把流氓打跑了。今天这两个人怎么成了一伙的？李霞还在那儿思索，刘宏涛已经跟那两个人激烈争吵起来，他用力往外推这两人，那两人死活赖着不走，眼看又一场打斗一触即发。万一打起来，刘宏涛一个人不可能对付得了他们两个人，李霞马上拨打110报警电话。

很快，警察就来了，将刘宏涛夫妇和那两个人带回了派出所。

为什么前一个要账的刚打发走，又来两个要账的？更奇怪的是这两个要账的人居然是先前的流氓和见义勇为的好汉，刘宏涛和他们之间又有什么关系呢？到了派出所，经过警察的询问，两个来人讲出了事情的真相。

原来，他们是经过张力介绍给刘宏涛帮忙的。刘宏涛每天乘坐公交车上下班，每次都有一个美女同路，这个美女就是李霞。刘宏涛暗恋上李霞，他多次想找机会接近李霞，无奈李霞平时总是表情高傲，刘宏涛没胆量上去搭讪，怕万一李霞不理睬他，就会沦为一车人的笑柄。

刘宏涛心里跟猫抓了一样难受，他要千方百计把李霞追到手。于是，他就把自己的想法对狐朋狗友张力讲了，张力一听马上拍着胸脯表态，"我别的不行，泡妞没有问题。"张力确实鬼点子多，他介绍刘宏涛与这两个人认识，商量了一个如此这般的苦肉计，谈好报酬是每人5000元。于是，后来在公交车上就出现了"流氓惹众怒，英雄救美人"的一幕。"假流氓"做了坏事之后，刘宏涛上前见义勇为，等两人打下车后，第三个人冲上来表面是帮刘宏涛，实际上是掩护假流氓逃走。事情经过就是这样。现在，李霞和刘宏涛已经结婚，委托事项完成了，所以他们上门来要报酬。

听了如此戏剧性的故事，警察又询问刘宏涛："这是不是真的？"由于李霞在旁边，刘宏涛吞吞吐吐不敢说实话，更不敢说假话。李霞聪明伶俐，一看丈夫这架势心头一凉，明白对方说的都是真的。但是，一说到钱的问题，刘宏涛就激动起来，他坚决否认欠钱，说已经把30000元给了张力。警察一听觉得挺奇怪："你们约好的是每人5000元，加起来也只有15000元，你怎么给了他们30000元啊？"

刘宏涛解释："当时确实是讲好每人5000元，共15000元，结果完事之后，张力对他说，兄弟们为你出这么大力，又做坏人又打架，除了当初讲好的每人5000元，你还要把我们的医药费、营养费和名誉补偿费给了，就按每人1万元算吧。"刘宏涛一听不愿意了，"你们这不是敲诈我吗！"所以，他干脆连15000元也不给了。刘宏涛躲着不见张力，以为这样闹腾一段时间就会过去。没有想到，张力会在蜜月期间找上门，刘宏涛看形势不对，自己的老底要被揭穿了，所以才给了他 30000 元，就当是花钱买平安。现在事情既然已经公开了，他要求警察帮他追回被敲诈的 30000 元。

另外两个人一听插话说，我们给你出这么大力，当时打得浑身是伤，又翻来滚去，后来还被人当流氓追了几条街，每人 1 万元刚够养伤。难道这钱你不应该付？你说你给了张力 30000 元，张力一分钱也没有给我们，我们也没有委托张力来拿钱，你与张力之间的事情我们不管，反正你还得给我们 20000 元。再说了，张力来要账的时候又没拿刀逼你，你要真有理干吗答应？还是你自己理亏！说话就要算数，合约受法律保护，你不能随便反悔呀！刘宏涛解释说："我确实已经把 30000 元给了张力，15000 元的欠条张力都还给我了，你们应当找张力去要钱。"

警察听到这里哭笑不得，告诉他们，你们之间的经济纠纷公安机关不管，要么你们自己调解，要么到法院诉讼解决，以后不许上门讨债，不能骚扰居民。经过教育后，警察让两个要账的人走了，刘宏涛和李霞也回了家。

● **救美英雄现原形　法断是非辨分明**

尽管刘宏涛一路上小心翼翼地赔着不是，回家后，李霞还是大发雷霆，以前有多少有权有势的追求者被她拒绝，就是因为她幻想有一个敢于担当可以依靠的男子汉陪伴在她身旁。所以，当刘宏涛为正义男斗歹徒的时候，她以为自己终于等来了真正的爱情，但万万没有想到，自己的爱情是刘宏涛导演的一出戏，一朵鲜花竟然插在了牛粪上。于是，李霞决定离婚，她把自己的决定告诉了家人和朋友。大家纷纷相劝，虽然刘宏涛获得爱情的手法不光明正大，但是，他爱李霞是真心诚意的，不如让他悔过自新。

李霞冷静下来仔细想想，组成一个家庭也不容易。于是，她就对刘宏涛说："咱们先分居一段时间，给你一个戴罪立功的机会。张力他们没有理由拿什么报酬,你去把钱要回来,咱们就重新开始过日子,要不回来那就顺其自然吧。"

刘宏涛一听李霞对他判处了"死缓",马上表态:"老婆,你放心。我一定把钱要回来。"刘宏涛找到张力求情,希望他先把钱退回来,保住自己的婚姻,以后有钱了再偷着还给他。张力两手一摊对他说:"我已经无能为力了,钱已经分给那两个哥儿们了。"刘宏涛磨破了嘴皮子,张力就是不松口,一分钱也要不回来。刘宏涛眼看追回钱款无望,于是心一横就把张力他们三个人告上了法院。诉请张力返还30000元,其他二被告承担连带返还责任。

刘宏涛骗来的婚姻能否保住很大程度上也要看这次法院的判决,法院是否会支持他的诉讼请求,判决三被告返还那30000元,这一幕荒唐的闹剧究竟会如何收场呢?

刘宏涛在法庭上提出,他与张力之间没有真实的债权债务关系,那15000元的欠条是虚假的,后来答应的30000元更是被逼无奈才给的,现在要求他们退还30000元。

张力他们辩解道,他们与刘宏涛协商一致,在平等自愿的基础上达成了口头合同,刘宏涛委托他们帮忙演一出戏,然后给付15000元。为了给刘宏涛帮忙,他们冒着被当成坏人抓的风险,出人出力,两个人还受了伤,这也应该算是"工伤"了,自然应该由刘宏涛进行补偿。现在刘宏涛不但获得了李霞的爱情,而且已经与李霞结为秦晋之好,委托事项圆满完成,他们居功至伟,所以,他们获得的报酬完全是合理合法的。再说,张力去要账的时候,刘宏涛也没有表示异议。新婚期间去要账,常理上讲虽然有些不妥,但那是没有办法的事,他们并没有做其他违法的事情,给钱也是刘宏涛同意的,可见双方就原15000元协议进行了变更,并且得到了刘宏涛的追认同意,法院应当驳回刘宏涛的诉讼请求。

由于民事案件可以调解,所以法院征求他们各方是否同意调解,刘宏涛和张力都坚信自己可以胜诉,因此都不同意调解。于是,法院宣布休庭，另定时间进行宣判。

这个好笑的案件引起了社会的广泛关注，大家在议论时，也有几种不同的意见：

第一种意见认为，根据以事实为根据，以法律为准绳的审判原则，张力他们拿到30000元没有真实的债权债务关系，所谓欠条是不真实的，并且有趁刘宏涛结婚之机敲诈勒索的嫌疑，不应当受到法律保护；同时，他们的欺骗行为也损害了李霞自由恋爱的合法权益，根据我国合同法第五十二条第（二）项规定，有"恶意串通，损害国家、集体或者第三人利益"情形的，合同无效。

第二种意见认为，15000元欠条是基于双方委托关系所产生的。虽然刘宏涛和张力合伙演戏欺骗李霞是不光彩的，但是，这场戏只是他们之间的协议，约束的是刘宏涛和张力他们。英雄救美后，李霞对刘宏涛由好感而产生爱情，是李霞自己感情发展的结果，李霞最后与刘宏涛结婚也是他们谈恋爱后的自主选择，除了英雄救美这件事情，刘宏涛在恋爱期间并没有欺骗李霞。所以协议的内容并未违反法律的禁止性规定，对于15000元合同应当履行，另外15000元应当退还给刘宏涛。

第三种意见比较复杂，认为刘宏涛和张力他们达成的口头合同，在履行时导致李霞受到了人身骚扰，但是这一行为还未达到合同法规定的损害他人利益的严重程度，只是应该受到道德谴责，给予批评教育即可，还不至于影响合同的效力。对此意见有人反对，这一合同后来造成了三个人不同程度的身体伤害，这样损害他人的利益还不够严重吗？持第三种意见的人认为，这是风险自愿承担行为，造成这个伤害是当事人同意的或者说已经预料到的，但是为了钱当事人仍然坚持去做。因此，他们不能算是侵权行为的受害者。这就跟参加拳击比赛的人一样，拳击手在擂台上被打了，不能到法院去告对手人身伤害。所以，应当确认，刘宏涛和张力他们双方之间的合同关系合法有效，至于金额到底是多少，由张力等人在此事中的具体花费与支出决定。

原告刘宏涛的诉求能否获得法院支持，关键在于前述的民事行为是否有效。如果有效，刘宏涛的诉求就不会获得支持；如果无效，则刘宏涛的诉求就会获得法院支持。

● 法点释义：民事行为效力 >>>

民事行为效力，是指民事行为因是否具备法律条件而产生相应的法律后果。根据我国现行法律规定，民事行为的效力有四种：有效，无效，可变更、可撤销和效力待定。

有效民事行为，即当事人主体适格，意思表示真实，不违反法律、行政法规的强制性规定，不违背公序良俗的行为。

无效民事行为，是民事主体设立、变更、终止民事权利或义务，因为不合法因而不能产生预期法律后果的行为。

可变更、可撤销民事行为，是指行为人对行为的内容有重大误解的或者显失公平的（后民法总则又增加受胁迫、欺诈和乘人之危之情形），可以向法院或者仲裁机构请求予以变更或者撤销。

效力待定民事行为，是指行为成立时，其是有效还是无效尚不能确定，还待其后一定事实的发生来确定其效力的民事行为。

法院在第二次开庭审理时，当庭作出了宣判。法院的判决认定，双方的口头合同无效，判令张力等人返还刘宏涛30000元，诉讼费由刘宏涛承担。

为什么法院不支持当事人协商一致达成的协议？毕竟张力他们当时帮助了刘宏涛，付出了相应的劳务。法院之所以判决被告全额返还30000元，就是因为这一民事行为无效。

法院认为，双方签订的合同属于委托合同，虽然双方对合同内容协商一致，但是，民事行为应当遵守法律、行政法规，尊重社会公德，不得扰乱社会经济秩序，损害社会公共利益。刘宏涛和张力等人订立的合同，虽然其他条件都符合法律要求，但是，它的内容却是通过演戏的手段，来达到骗取李霞感情的目的，这显然严重违反了公序良俗。因此，法院认定双方的合同无效，鉴于双方都有责任，法院通过判决张力他们返还款项、刘宏涛承担诉讼费的方式让他们分别承担相应的民事责任。

● 法点释义：公序良俗 >>>

公序良俗，即公共秩序和善良风俗。公共秩序就是社会存在和发展所必需的一般秩序，没有规矩不成方圆就是指的社会秩序。善良风俗，是指社会存在和发展所必要的一般道德。

社会的秩序和善良道德有很多，有些处于比较次要的地位，比方说，买东西排队，不要随地乱扔果皮纸屑等，违反了这样的公序良俗，一般来说不会带来法律上的严重后果。但是另外一些公序良俗关系到了"社会存在和发展"所必需的因素，如果没有这样的因素制约，社会或者家庭关系将会发生动荡，违反了这些规则，就会造成严重的后果。本案中的合同，将被害人置身于危险之中，然后又通过一个英雄的出现来救助被害人，博取对方的好感。这种欺骗已经严重误导了被害人李霞对爱情的选择。对公序良俗的提倡和保护与否关系到我们树立和倡导什么样的社会风气。所以，我国民法通则第七条规定："民事活动应当尊重社会公德，不得损害社会公共利益，扰乱社会经济秩序。"

公序良俗的内涵外延，也随着时代发展不断变化。具体的判断标准还要依当时的法律规定和普遍的道德观念作为基准。但是，通过欺骗手段来达成自己的目的，这样的行为无论有怎样的借口都无法获得人们的理解和法律的原谅。

● 法律链接：无效民事行为 >>>

案发时法律规定：《中华人民共和国民法通则》
第五十八条 下列民事行为无效：
（一）无民事行为能力人实施的；
（二）限制民事行为能力人依法不能独立实施的；

（三）一方以欺诈、胁迫的手段或者乘人之危，使对方在违背真实意思的情况下所为的；

（四）恶意串通，损害国家、集体或者第三人利益的；

（五）违反法律或者社会公共利益的；

（六）以合法形式掩盖非法目的的。

无效的民事行为，从行为开始起就没有法律约束力。

《中华人民共和国合同法》

第五十二条 有下列情形之一的，合同无效：

（一）一方以欺诈、胁迫的手段订立合同，损害国家利益；

（二）恶意串通，损害国家、集体或者第三人利益；

（三）以合法形式掩盖非法目的；

（四）损害社会公共利益；

（五）违反法律、行政法规的强制性规定。

民法典新规定：《中华人民共和国民法典》

2021年1月1日起施行的民法典，将民事法律行为效力规定在第一编：总则。通过整合民法通则、民法总则和合同法的有关规定，使无效民事法律行为得以系统科学的表述。

第一百四十四条 无民事行为能力人实施的民事法律行为无效。

第一百四十六条 行为人与相对人以虚假的意思表示实施的民事法律行为无效。

以虚假的意思表示隐藏的民事法律行为的效力，依照有关法律规定处理。

第一百五十三条 违反法律、行政法规的强制性规定的民事法律行为无效。但是，该强制性规定不导致该民事法律行为无效的除外。

违背公序良俗的民事法律行为无效。

第一百五十四条 行为人与相对人恶意串通，损害他人合法权益的民事法律行为无效。

第一百五十五条 无效的或者被撤销的民事法律行为自始没有法律

约束力。

第一百五十六条 民事法律行为部分无效，不影响其他部分效力的，其他部分仍然有效。

第一百五十七条 民事法律行为无效、被撤销或者确定不发生效力后，行为人因该行为取得的财产，应当予以返还；不能返还或者没有必要返还的，应当折价补偿。有过错的一方应当赔偿对方由此所受到的损失；各方都有过错的，应当各自承担相应的责任。法律另有规定的，依照其规定。

刘宏涛的官司虽然胜诉了，可李霞心中的疙瘩还没有解开，尽管她没有提出离婚，但是他们还能在一起生活多久不得而知。爱情事关一个人的终生幸福，而婚姻质量关系到家庭的稳定，如果靠弄虚作假来骗取他人的爱情，行为显然已经损害了被骗者的切身利益，影响了家庭的婚姻基础。本案"英雄救美"的一幕在刘宏涛和李霞的结合中究竟占多大分量还不能确定，但是，他们毕竟因此相恋、结婚。刘宏涛的欺骗行为不仅打破了李霞的爱情幻想，而且违反了社会的公序良俗。

这个案件告诉我们，遵守公序良俗原则，是我们主张自由和人权的底线。因为自由不是天马行空，没有法治就没有自由。

情人攻讦

◆ 关键词：合法权益

2006年夏天，上海的天气很热，潮湿的天气憋得人从里向外冒汗。在这个酷热的季节里，某区法院开庭审理了一起赔偿纠纷案。原告马茹英，是一个高个子女人，年纪30多岁，端坐在法庭上。被告叫马军，年纪有50多岁。他没有出席庭审，委托一名律师特别授权代理。法庭的旁听席上有十几个人，都是被告马军的亲属，带头的是马军的妻子。看起来，这不过是法院审理的一个普通案件而已。谁知道，原告的一席话犹如夏季的电闪雷鸣，让沉闷的法庭顿时热闹起来。

● 原告一语惊四座　法院遇到新型案

上午9点钟，法庭审理正式开始。审判长首先询问了当事人的基本情况，如姓名、年龄、住址等，原告那边马茹英自报了家门，被告这边代理人也报告了马军的基本情况。审判长宣布了合议庭组成人员和当事人的权利义务。然后问原告："原告，你与被告是什么关系？"

原告马茹英回答："我与被告是特殊关系。"审判长皱了皱眉，追问道："你们是什么特殊关系？"原告马茹英回答："我们是不正当男女关系！"

她此言一出，全场震惊，法庭上寂静无声。冷空气在肆意弥漫，不知道是马茹英直率的话让人感到发冷，还是法庭的空调制冷效果好。

法官显然也是第一次遇到这种情况，因为原告马茹英提交的"民事起诉状"中写道，她与被告是同宗远亲。所以，审判长在法庭上问他们是什么关系时，其实也是要查证一下所谓同宗远亲是什么样的亲戚；但是，马茹英的回答却超出他的预料。审判长不敢相信自己的耳朵，又问了一次："你与被告马军是什么关系？"

"不正当男女关系！"马茹英依旧回答得很肯定。

审判长看看马茹英，没察觉她精神有异常，低头又看了看"民事起诉状"，然后再问："原告，你在诉状中称与被告马军是同宗远亲，这是什么意思？"

马茹英回答："我们都姓马。"原来，马茹英说的同宗远亲，就是人们遇到同姓人常说的"五百年前是一家"。审判长摇头苦笑地问："你的诉状请求是什么？"马茹英气愤地说："我要求法院判决马军赔偿我50万元，恢复我的名誉。"

俗话说，人要脸，树要皮。男女关系，尤其是不正常的男女关系，人们通常都是竭力否认和掩盖，马茹英为什么在公众场合公开自己的隐私？难道她因为男女关系就打官司让马军赔她钱，还让他恢复她的名誉？

审判长问马茹英："你请求马军赔偿的理由是什么？让他怎么恢复你的名誉？"

马茹英回答："因为我和马军的不正当男女关系，他在帮我办理从浙江到上海户口迁移手续时，背着我弄虚作假，害得我被行政机关撤销了户口迁移决定，退回原籍，给我造成了50万元的经济损失，使我的名誉受到了损害。所以，我要求他赔偿损失和恢复名誉。"

一般民事案件通常是原告认为被告的行为给自己的合法权益造成了损害，从而起诉到法院寻求司法保护。而本案的原告马茹英，却因为被行政机关处罚要求被告马军赔偿损失、恢复名誉。审判长与左右两边的审判员商量了一下，然后宣布：鉴于本案属于新类型的赔偿案件，现在宣布休庭，待合议庭研究后另定开庭时间。

法官为什么说这个案件是新型案件，难道因为马茹英讲她和马军有暧昧关系使案件责任认定变得复杂了？还是法官从没遇到过行政机关处罚后当事人竟然向他人提起赔偿之诉的案件？马军与马茹英之间到底发生了什么事？

这个故事还要从马军当年作为知识青年从上海到浙江下乡插队的时候谈起……

20世纪70年代，马军高中毕业后，作为知识青年从上海下乡到了浙江省某县。年轻的时候，马军挺拔英俊。马茹英的父亲也是知青，所以马军也经常去她家玩。那时，马茹英年龄还小，喊马军为叔叔。玩着玩着，马茹英对马军的称呼就变了，从叔叔变成了哥哥，只不过这个哥哥是情哥哥。这是因为马军与马茹英两个人好上了，那时候马茹英还不满20岁。

1995年，马茹英结婚生子。她得知没有结婚的知青子女能返城读书，可以把户口从农村迁到上海。于是，她动了回上海的念头。这时候，她的父亲已经去世，而她以回城读书的方式迁户口需要亲属作为监护人；但是，父亲在城里的亲属都不愿意做她的监护人。无奈之下，她只好请马军帮她办理回城事宜。情人相求，岂能拒绝。马军一听立即拍胸脯打包票，答应给她帮忙。于是，马茹英和马军利用他们的社会关系将马茹英年龄改小10岁、隐瞒了她已婚生子的事实，马军作为她的监护人，骗取了回沪就读迁移户口的批准手续，把马茹英的户口迁到了上海，孩子和丈夫留在了老家。

回到上海后，马茹英由于学历低和年龄大，一直没有找到稳定的工作，生活困难，她就不断地找马军要钱。

随着时光流逝，马军的脸上爬上了皱纹，能力和精力都减退了，儿子也成家立业有了孩子，自然对马茹英也日渐失去了兴趣。马军觉得自己已经当爷爷了，应该在后代面前树立一个好形象，所以就慢慢与马茹英疏远。但是，马茹英可没有离开马军的意思，她对马军说："我跟你好了20年，你说分手就分手？没有那么便宜的事。如果你想分手可以，你得赔偿我20万元。"马军当然不想被她敲诈，就直截了当地告诉马茹英："你我相好是你情我愿，天底下没有不散的筵席，大家友好分手以后还可以做朋友。你要钱，我没有。"马茹英威胁马军："如果你不赔偿我的损失，我就把咱们的关系告诉你老婆。"马军一听这个话，马上就慌了，拿付出金钱和家庭稳定相比，马军当然希望家里太平无事，但是，他又拿不出20万元给马茹英。所以，他就向马茹英保证，咱俩不分手了。为了表示爱意，他还当场给了马茹英2000元。

事态虽然暂时平息了，但是，马茹英每天要张口吃饭，一没钱她就找马军要，而马军又不是印钞机，时间长了每次给几百元也吃不消啊。于是，马军又故态复萌，开始有意躲着马茹英。

马茹英已经知道马军的软肋，哪里肯轻易放弃他，她向马军手机发短信，你借给我20万元，我到西藏去做生意，以后再也不找你了，钱等我周转一段时间后会还给你。马军回短信说，实在没有钱了，你放我一马吧，算我求你了。马茹英马上下了最后通牒，我给你3天时间，你看着办。马军虽然不想让妻子知道他的婚外情，但是马茹英步步紧逼毫不退让，而他也确实没有能力给马茹英20万元。马军心里更清楚，资助马茹英就是填无底洞。最后无奈，他只好先争取主动，回家向妻子"投案自首"，坦白交代了自己的婚外情，以换取妻子的从宽处理。妻子一听这个消息，犹如晴天霹雳，不吃不喝，气得在床上躺了3天。

马茹英给马军的3天时限也到了，她一看马军那边没有动静，就破罐子破摔，带领五六个人冲到马军家，砸锅摔碗、大吵大闹，说马军强奸霸占了她20年，要求赔偿她的各项损失，不给20万元就报警。

马军的妻子一听他们来闹事，从床上一骨碌就爬了起来，冷冷地对马茹英说："我从小看着你长大，从来没有想到你会睡到我的床上。你如果不要脸了，要钱没有，要命一条，还有马军这个老混蛋一个，你去告吧！把他抓起来我乐得清闲，省得天天在家做饭了。"

马茹英大闹一场，无功而返，但是，她不甘心分文不得就和马军分手，于是就请教了他人，决定向有关部门控告马军以进行报复。

● 告状不成害自己　行政处罚有依据

男女私情本来是道德范畴的事情，与权力部门并没有关系。当年，马军为马茹英帮忙是应马茹英请求而为，他没有从中赚取一分钱。马茹英以什么理由控告马军，她又向哪个部门去告状呢？

马茹英拿着请人写好的告状信，到了当地的公安局，控告马军利用年龄和阅历优势，强奸霸占了她20年，甚至回到上海以后仍然不罢休，强迫她抛弃家庭和孩子，把她的户口也迁到上海，继续霸占她。要求公安机关依法追究马军的刑事责任，要求马军赔偿她20年的青春损失。

这还得了，在21世纪的今天竟然还有这样的恶霸，日月昭昭，国法难容。公安机关接到报案后，十分重视，刑侦队马上进行了初查；但是，马军矢口否认他强奸霸占马茹英，还举出自己的朋友作为证人，证明他们之间只是不正当的男女关系。公安机关从上海到浙江，从当事人到他们的亲友，一番调查核实，终于弄明白了事情的真相。于是，警方通知马茹英，她反映的情况不构成犯罪，这是双方都有过错的通奸，对她和马军破坏家庭不讲道德的错误行为进行了严肃的批评。

马茹英还不甘心，又控告马军伪造国家机关公文印章，并且讲这是马军亲口对她说的。刑侦队告诉她，此事归她户口所在地的派出所管。马茹英气急败坏之下已经忘了她也是户口迁移的共同办理者，为了达到报复马军的目的，她就到辖区派出所控告马军私刻公章给她办理户口迁移手续。

派出所受理后，按照规定进行了调查，经过技术鉴定证明马茹英户口迁移手续上的印章都是真实的。在询问马军时，他承认过去为了在马茹英面前撑面子，编造了自己私刻国家机关印章的虚假情节，实际上并没有私刻印章；但是，在帮助马茹英办理户口迁移手续时有用虚假年龄证明文件欺骗政府的行为。马茹英在回答公安机关询问时也不得不承认，在办理户口迁移手续时，她已经结婚并且有了孩子，不符合知青子女回沪就读的有关规定，为了达到回上海的目的，她托人在小队和大队——我们今天的称谓是村民小组和村委会——开出了未婚证明,把年龄减少了10岁,隐瞒了已婚的事实,把证明交给了马军,马军又托人在县里开出证明,加盖公章。这样,她的户口就从乡下迁到上海了。

调查结束后,公安机关把调查结论提供给当时作出同意马茹英回沪就读决定的部门,该部门作出了撤销当年同意她回沪就读迁移户口的决定,公安机关又根据这一决定作出将马茹英户口迁回原籍的决定。马茹英在规定时间内没有提请行政复议和行政诉讼,她的户口被强制迁回了原籍。

马茹英万万没有想到她控告以后,公安机关落实下来的结果,马军没有受到处罚,反而她被认定为违法行为的参与者和不当利益的获得者,结果把批准她户口迁移的决定撤销,户口被迁回了原籍。真是偷鸡不成蚀把米。但是,马茹英已经在上海生活了10年,行政执法部门为什么不采取警告、罚款等措施处理她,而是把她的户口迁回原籍。马茹英作为控告人,为什么最终自己被处罚?这就要从行政机关的行政执法活动讲起……

● 法点释义:行政执法 >>>

行政执法,是指行政主体依照行政执法程序及有关法律、法规的规定,对具体事件进行处理并直接影响相对人权利义务的具体行政法律行为。在我国,行政机关拥有法律赋予的行政权能,即做出行政行为的权利或者资格,这种行政权能是由法律法规所规定的。行政机关行使职权必须在法律法规授权的范围内行使,否则就是滥用职权。老百姓讲的"马路警察,各管一段",就是指这个意思。那么,户口的行政管理机关是哪个部门呢?《中华人民共和国户口登记条例》第三条第一款规定:"户口登记工作,由各级公安机关主管。"既然公安机关是户口的主管行政部门,就必须按照有关法律法规的规定履行自己的管理职责。

就本案而言,公安机关根据职权受理马茹英举报后,调查核实的结果是：马茹英参与了行政违法行为，因为违法行为户口迁到上海，获得了不该获得的利益；而马军并没有从中获得任何好处。事实查清之后，接下来的问题就是对违法行为的处理。《上海市户口管理暂行规定》第二十七条第（三）项规定："户口迁移人或者家庭成员或者委托代理人在迁移户口时隐瞒真实情况、伪造证明材料或者通过不正当手续申报户口的，予以强制迁移户口。"公安机关正是据此规定赋予的职权作出把马茹英户口迁回原籍的决定，这完全是正确履行职责的合法行为。

既然马茹英是这违法行为的参与者，在公安机关作出迁回户口的决定后，她没有申请行政复议和进行行政诉讼，为什么跑到法院告马军并索要高额赔偿金呢？

原来，马茹英没有料到向公安机关告状的结果是搬起石头砸了自己的脚，她感到愤愤不平，如果没有马军当年弄虚作假的行为，她的户口不可能迁到上海，自己也不可能像现在这样丢人现眼，既然已经把马军告了，那就开弓没有回头箭。于是，她一不做二不休，又把马军告到了法院，不惜曝光自己的奸情以达到让马军付出代价的目的。于是，就发生了本案开头那一幕近似闹剧的庭审。

第一次休庭后隔了3个月，法院通知进行第二次开庭审理。这一次法庭热闹了，因为是由国家机关的行政执法行为引发的当事人之间的赔偿案件，各路媒体的法制记者也纷纷到场采访报道。

原告马茹英指出，当年办理户口迁移的虚假手段都是马军指使她做的，她是受害人，不仅这么多年没有稳定的收入，而且回到农村后原来分配的土地也被村里收回，还失去了在农村被安排到企业当占地工的机会，各项农民的保障措施福利待遇都没有享受，现在自己的处境非常困难，这一切都是马军的违法行为所造成的，她坚决要求马军进行民事赔偿。

被告马军的律师指出，原告在诉状中所称的其合法权益受到被告行为损害的事实不能成立，她年轻时插足被告家庭是这个事件的起因，后来为回上海私改年龄并请被告马军帮忙迁移户口是这个事件的关键点，最后受到公安机关的行政追究，户口被迁回原籍是这个事件的结果。这三个重要事实说明她的不法行为贯穿事件始终，但是她在诉状中刻意隐瞒了这些，提出的诉讼请求完全是其违法行为所导致的结果，可以说是咎由自取，对于这些非法的诉讼请求人民法院应当依法予以驳回。

● **灵魂救赎情与法　司法公平断乾坤**

2006年秋，在这个收获的季节，法院经过合议后作出了一审判决，依照我国民法通则第五条之规定，对马茹英要求马军赔偿人民币50万元的诉讼请求，不予支持。

对于这个案件，我们应当客观地看到，马茹英户口被强制迁回原籍后，她等于用10年光阴又回到了起点；但是，这10年间马茹英原籍已经时过境迁，她原来在农村已经获得的或者10年间可能获得的各项权益随着当年户口迁移已经失去。现在城市不能待、农村待不住，两头都没有了保障，站在她的角度看确实是蒙受了经济损失。那为什么法院不支持她的诉讼请求？毕竟马军当年也参与实施了违法行为，难道他不应当承担法律责任吗？

第一，我们要看马茹英遭受损害的是什么权益，因为我国法律保护的是公民的合法权益。法院在判决书中引用的我国民法通则第五条规定："公民、法人的合法的民事权益受法律保护，任何组织和个人不得侵犯。"民事权益是指公民或者法人在民事活动中享有的权利和利益。民事权利是民事利益的基础和前提，民事利益是民事权利行使的结果。比如，公民通过行使劳动的权利，获得了报酬的利益。只有法律赋予公民的合法权益受到了损害，才能获得法律救济，即通过诉讼、调解等途径讨回公道，违法行使权利不能产生法律保护的后果。

马茹英所谓受损害的户口"权益"完全是她自己实施违法行为所获得额外的、非法的好处，这不是她应当获得的权益。公安机关根据规定作出把她户口强制迁回原籍的决定，正是在确认她行为违法的前提下，对于违法行为纠正的必然结果，就像行为人的违法所得要收缴，犯罪分子的诈骗所得要追回一样。如果把行政机关或者司法机关依照法律规定对于行为人违法行为的处理和追究看作是行为人合法权益受到损害的话，那些被法院判处有期徒刑的刑事被告人岂不都可以鸣冤叫屈了？如果给了他们人身自由，那法律对于受害人合法权利的保护又体现在哪里？善恶有报的公平正义又如何实现？所以，我国的法律规范都规定，行为人应当对自己实施的违法行为承担法律责任，因为非法行为获得的利益不受法律保护。

第二，马军虽然也参与实施了违法行为，由于他本人不是违法行为的受益者，违法行为的后果也没有体现在与他有关的事情上，所以对于他的违法行为只能进行批评教育。

● **法律链接：合法权益** >>>

案发时法律规定： 合法权益保护原则在民法典颁布前，分散在民法总则、民法通则以及各个单行法中。其中，与本案有关的：

《中华人民共和国民法通则》

第五条 公民、法人的合法的民事权益受法律保护，任何组织和个人不得侵犯。

民法典新规定：《中华人民共和国民法典》

2021年1月1日起施行的民法典，将合法权益保护原则规定在第一编：总则。因为民事权利及其他合法权益受法律保护是民法的基本精神，也是民事立法的出发点和落脚点。民法典草案在审议时普遍认为，合法权益受法律保护是民法的基本精神，统领整部民法典和各民商事特别法，应当突出民事权利受法律保护的理念，以充分体现权利本位、权利导向的立法宗旨。所以，民法典在总则第五章民事权利和各编中都突出了保护合法权益原则。

第三条 民事主体的人身权利、财产权利以及其他合法权益受法律保护，任何组织或者个人不得侵犯。

第二百零七条 国家、集体、私人的物权和其他权利人的物权受法律平等保护，任何组织或者个人不得侵犯。

第四百六十五条 依法成立的合同，受法律保护。

依法成立的合同，仅对当事人具有法律约束力，但是法律另有规定的除外。

第九百九十一条 民事主体的人格权受法律保护，任何组织或者个人不得侵害。

第一千零四十一条 婚姻家庭受国家保护。

实行婚姻自由、一夫一妻、男女平等的婚姻制度。

保护妇女、未成年人、老年人、残疾人的合法权益。

第一千一百二十条 国家保护自然人的继承权。

案件的是非虽然有了结论，但是我们还应当看到，这场诉讼实际上也是对社会基本价值观的挑战，因为本案真正的受害人在道德上是双方的家人。如果第三者以受害人的身份要求赔偿，不但公然挑战了被公众认可的婚姻家庭道德，还意味着无辜的家人在遭受精神痛苦的同时，还要用家庭共同财产支付所谓的赔偿费。本案在法律上受损害的是国家户籍的正常管理秩序，如果支持了马茹英的诉请，那就意味着行为人可以把实施违法行为的后果通过司法途径转嫁于他人，这两个结果显然都不是我国司法制度的出发点和归宿，所以原告的无理要求必定会被法院依法驳回。

马茹英没有想到这场背水一战的情人攻讦，她竟然完全败下阵来，户口还被迁回原籍，她如何对丈夫和孩子解释这件事呢？

案件结案后，马军真诚悔过，和妻子重归于好，开始了新的生活。这个案件告诉我们，民事权利的行使是有边界的，任何人不得通过违反公共利益或者损害他人的方式获得非法利益。违法的事情自己不但不能做，也不能以任何借口参与他人的违法行为。牢记那句古训，善有善报，恶有恶报，不是不报，时候未到。

假戏真做

◆ 关键词：婚姻关系

2009年春节前，在上海工作的冯小芸考虑再三，匿名在互联网论坛上发布了一个帖子，标题是"征异性朋友回家过年"。帖子里表示愿意有偿聘请一位成熟理性、热心助人的男性朋友共同回家过年，管吃管住，报酬面议。冯小芸28岁，身材高挑，工作也比较理想。之所以在互联网上发帖征男友，是跟她父母的催婚有关。

● 大龄剩女租男友　孝心之举酿突变

冯小芸一个人远离故乡在大城市工作，每天早出晚归，工作充满压力，她自己对于年龄增长并不敏感；但是，在父母看来她早已经到了谈婚论嫁的年龄，特别是看到冯小芸的同学成双成对、携儿带女，冯小芸的父母就更急了。

冯小芸母亲身体不好，前几年因为中风落下了半身不遂的毛病，所以，女儿出嫁成了她的心病，经常打电话催冯小芸赶快找男朋友，甚至在电话里口齿不清地警告她，如果还不找男朋友，今年春节不要回家过年，免得我看见你心里难过。

爸爸背着妈妈也给冯小芸打电话，告诉她，你妈病情近来不太好，医生说不能让病人情绪激动，希望冯小芸尽快解决自己的婚姻问题，别让妈妈太操心。冯小芸一想到母亲含辛茹苦一生，从自己咿呀学语到现在长大成人，她的叮咛和关怀始终不断，现在拖着抱病之躯还关心自己的婚姻大事，心里就感到十分歉疚。其实，她曾经谈过几次恋爱，但都是有始无终，这样挑挑拣拣，时间就像流水一样逝去。冯小芸现在28岁了，水灵灵的姑娘变成了成熟的女人，爱情不再等于浪漫的夜晚和灿烂的玫瑰，只等于一个家庭和一个靠得住的男人。

妈妈和爸爸相继打来的电话更让她感到自己的婚姻需要抓紧，因为这不仅是自己的事情，还维系着妈妈生活的全部希望，她不能再让有病在身的妈妈担忧了。

冯小芸的帖子发出去以后，在一个星期内十几个人前来应征。冯小芸逐一和他们进行视频谈话，并没有发现适合自己要求的人。就在冯小芸几乎要失望的时候，一个应征者引起了她的注意，这个应征者叫马耕田。冯小芸问他："这是你真实的名字吗？"他回答："是的。"冯小芸看他有30岁左右，年龄应该和自己差不多，就问他为什么要应征。马耕田说："不瞒你说，我已经结婚了，老婆在国外留学，春节不回来过年。我在网上看到了你的帖子，反正春节也没有事情做，干脆来应征，看看我能不能帮上你的忙。"冯小芸觉得这个人面相不错，心里对他就有了几分认可，又问他："你为什么不回自己家？""太远，在山区，来回一趟不容易，所以春节这几天不回去了。"冯小芸聊了下来，觉得这个人还比较诚实，就和他约了见面的时间，他们在一家咖啡厅碰头。

见面以后，两个人商定，马耕田扮演冯小芸男朋友的时间为5天，从大年三十到初四，报酬每天500元，共2500元，吃住行全部由冯小芸负责。冯小芸跟马耕田约法三章：一、双方虽然名义上是男女朋友，但是，马耕田在任何场合不可以对冯小芸有不礼貌的行为；二、在冯小芸家期间，马耕田要处处按照冯小芸的指示办事，扮演好听话男友的角色；三、马耕田对于冯小芸的父母要恭敬，对亲朋好友要热情。马耕田对于她提的这些要求均表示同意。于是，两个人对于马耕田的基本情况、两人的恋爱经过等进行了编造。万事齐备，假男友马耕田准备粉墨登场了。

冯小芸为了安慰病重的妈妈，不得不招聘一个男朋友回家过年。但是，人不是商品，感情也不是金钱能买到的，马耕田能不能演好这个角色，冯小芸心里一点儿底都没有。如果被妈妈看出来是骗她的闹剧，家里肯定会闹得天翻地覆。但是，事发紧急，冯小芸已经顾不得想那么多了。

冯小芸和马耕田一起回了家，爸爸推着坐在轮椅上的妈妈早早就在家门外等候。看到女儿今年果然带回来了一个男朋友，父母都特别高兴，将他们热情地迎进家门。在谈笑接触间，父母不停地打量马耕田，马耕田也非常有礼貌，对冯小芸的父母叫伯父伯母，然后忙里忙外收拾家务。冯小芸的父母看在眼里，喜在心上，觉得女儿一生有了依靠。他们哪里知道，这不过是一场戏而已。

到了晚上，冯小芸的父母通过聊天把马耕田的身世了解清楚以后，让冯小芸把马耕田安排在离家不远的宾馆休息，于是马耕田礼貌地向冯小芸父母告别，拉着行李箱来到了宾馆。

到了宾馆以后，当了一天演员的马耕田已经十分疲劳，他洗了洗就上床睡觉了。到了下半夜，他的房门被敲响了。马耕田从梦中惊醒，看了看手机，上面显示的时间是凌晨4点钟，谁这么早敲门？他把房门打开后，看见冯小芸两眼含泪站在门外。马耕田急忙把她让进屋内，不明就里地问："怎么啦？"

一进房间，冯小芸就号啕大哭起来，马耕田劝了半天，冯小芸才慢慢平静下来。她说妈妈的病又犯了，刚送进医院抢救。

"你说什么？"这时，马耕田的睡意全跑了，他急忙抓起衣服说："走！我陪你去医院。"

俗话说，乐极生悲。冯小芸的妈妈大概看到女儿的婚姻大事终于有了着落，心中这口气一松，再加上一激动，脑出血了，生命岌岌可危。

冯小芸和马耕田来到了医院，只见冯小芸的母亲正在医院抢救，身上插了好几根管子，双目微睁。马耕田关切地俯下身子，发现冯小芸妈妈的两眼死盯着他，似乎在传达着什么信息。他安慰她说："阿姨，不要紧。现在医学很发达，您的病会治好的。"冯小芸的妈妈不能说话，只是睁着眼看向马耕田，她床头上的氧气湿化器里不断冒出气泡。

冯小芸和马耕田在医院待了一会儿，冯小芸的爸爸说："你们帮不上忙，回去吧！昨天坐了一天车也辛苦了，都回去休息吧！"他们想想，在医院确实也帮不上什么忙，就离开医院各自回去休息了。

● 贴心"男友"成老公 假戏真做成情人

马耕田扮演男朋友是给冯小芸妈妈看的，没想到演出刚开始就遇到了这场变故。马耕田和冯小芸告别后回到了宾馆，他此时已经完全没有睡意，躺在床上想，我该怎么办呢？如果此时离开的话，不明真相的人肯定对冯小芸说三道四，对自己喊爹骂娘；如果不走的话，"观众"已经没了，再扮演下去也没有意义了。尽管春节摊上病号不大吉利，但是，人心都是肉长的，马耕田考虑再三，将心比心，觉得这个时候也不能走，应当在医院当几天陪护，扮演好男友这个角色。打定了这个主意，他休息到上午9点钟后，就去了冯小芸家。

冯小芸和爸爸正在家中客厅里抹眼泪，看到马耕田来了，冯小芸的爸爸就进卧室了。马耕田关心地问："阿姨怎么样了？"冯小芸摇摇头说："医生讲这次很难恢复了，让家里准备办后事。"马耕田听了以后，觉得心情很沉重，默默无语地坐在一旁。

冯小芸看着他不好意思地小声说："抱歉啊！马耕田，让你摊上了这件事。"马耕田摆摆手说："别客气！谁家没有困难的时候啊。"冯小芸接着又悄声说："我想和你商量一件事……"马耕田看着她："你说吧！"冯小芸为难地摇摇头："唉，算了吧。"马耕田说："你讲吧，只要我能办到，我一定帮忙。"冯小芸看着他，嗫嚅地说："我爸刚才讲，让我们趁我妈还在，办理结婚手续。""什么？"马耕田吓了一跳："这怎么行，我们不是演戏吗？"冯小芸叹口气说："他们不是不知道嘛。我爸说，我们结婚了，我妈就没有牵挂了，可以放心走了。"说着，冯小芸又哭了起来。

马耕田站起来，在房间里一边走一边小声说："不行！一是我有妻子，二是扮演老公不在我们的协议范围内，三是这种事太疯狂了。不行！不行！"冯小芸说："这也是假的嘛，只是不让我妈留下遗憾。不影响你的婚姻，我再给你加5000元。"马耕田摆手道："这不是钱的事。别的事都好说，这办结婚手续的事不能随便。"冯小芸恳求地说："你放心，不会影响你的，我们不说谁也不知道，你怕什么。我求求你！"马耕田说："不是我不答应，办理结婚手续需要出具婚姻证明，我到哪里开证明呢？现在春节放假，你到哪里办结婚手续？"冯小芸说："只要你答应了，其他的事你就不用管了。"马耕田看到冯小芸为难的样子，实在不想在这个时候让她雪上加霜，想想反正是假结婚，加上现在春节放假，即使答应了估计她也没地方去办证。于是，他就点头答应了。

春节是全国人民都放假的日子，连假证贩子也在家过年了。尽管马耕田答应了冯小芸的请求，愿意从假男友变为假丈夫，但是，冯小芸怎么开结婚证呢？她能办成吗？

马耕田万万没有想到，当他答应冯小芸以后，第三天上午，冯小芸见他时从手提包中拿出一本结婚证来，上面有他们二人的照片。马耕田惊奇地问："你在哪里办的结婚证？我的照片你从哪里弄来的？"冯小芸说："这些你不用管了，反正是为了骗我妈，不会影响你的。骗过我妈，我就把它销毁了。"马耕田回想起来，他答应做冯小芸的假男友后，冯小芸曾经建议他们拍几张合影照片，以证明是男女朋友关系。现在看来，她是利用合影照片办的假结婚证。既然自己已经答应与冯小芸假结婚，他就没有再追问她假结婚证是在哪里办的，只是心中感觉这个女人不简单啊。

他们拿着结婚证来到了医院，冯小芸把结婚证放在妈妈眼前，对她说："妈，回家前，我们已经办理过结婚登记手续了。本来想过几天再告诉您的，没想到您突然发病了。您老放心吧！"冯小芸的妈妈仍然面无表情地看着他们，但是，隐约可以看见她眼角里闪着泪花。

从医院出来，冯小芸抱歉地对马耕田说："真对不起，这大过年的，让您跟着受累了。"马耕田冲着她笑了笑："别介意！赶上了没办法，人人都有这一天。关键是你要注意身体。"

接下来的时间里，冯小芸妈妈的生命还在维持，马耕田与冯小芸约定扮演男友的时间也到了。冯小芸和马耕田商量了以后，编造了一个马耕田有工作要提前回去的借口，马耕田就离开了冯小芸家。

马耕田经过这次网络应聘，把自己从男友变成了丈夫，冯小芸在母亲去世后会怎样处理结婚证呢？是否会像她说的神不知鬼不觉地处理好这件事情呢？

过了农历正月十五以后，冯小芸回来上班了。第二天，她给马耕田打了个电话，约他晚上在老地方见面。马耕田赶到咖啡厅后，看到冯小芸神色黯然，身穿素衣坐在那里，心里明白她的母亲已经去世，就默默地坐在她对面。冯小芸勉强挤出笑容对他说："我今天就是来感谢您的。"说着，打开皮包从里面拿出一个信封递给马耕田，说这是5000元，让马耕田收下。马耕田没有接这个信封："你家里出了这么大的事情，你也不容易，这个钱我不能收。"两个人推让了一番，马耕田坚决不收钱，冯小芸只好作罢。冯小芸告诉马耕田，她已经把假结婚证销毁了，马耕田感到心中一块石头落了地。

冯小芸晚上回住处后，回想认识马耕田以来，马耕田侠义心肠，热心助人，是现在不可多得的好男人，心中就对马耕田产生了好感。于是，从那以后，冯小芸就经常与马耕田联系。马耕田因为做过冯小芸男友，知道她是一个孝顺的女孩子，加上妻子不在国内，所以他对于冯小芸的约会也没有拒绝。

一来二去，两个人产生了感情，冯小芸和马耕田的关系超越了友谊的界限，他们成了情人。冯小芸知道马耕田有妻子，她对马耕田说："你放心，我不会要求你离婚的。母亲去世后我感到孤独，特别缺乏安全感，只想和你天天相守。我不会给你添麻烦的。"

不久，冯小芸搬到马耕田处同居，白天两个人各自上班，周末的时候成双结对出去游玩。

到了秋天，霜叶满树，马耕田的妻子从国外回来了。此时，冯小芸和马耕田已经日久生情，变成了爱人。随着马耕田的妻子回国，他们三方关系立刻成为亟待解决的问题。

● **三角畸恋法衡量　过错行为受惩罚**

马耕田的妻子回到家后，感到眼前一亮、耳目一新。以往她回到家时，家里总是比较凌乱，这次竟然井井有条，十分整洁，她不知道这实际上是第三者冯小芸的功劳。她在家中四处巡视一番，表扬马耕田说："你这个老马终于耕田了。"马耕田干笑着连连点头，紧张地跟在她身后，生怕她发现冯小芸留下的蛛丝马迹。

冯小芸确实很细心，努力把自己在马耕田处居住的痕迹清理得干干净净；但是，百密一疏，她还是忘在马耕田家一样东西——口红。

第二天，马耕田的妻子在收拾东西的时候，在床头柜里发现了这支口红，她马上觉得不正常，因为她出国的时候家中已经没有自己的生活用品，为什么现在家里有了口红？

等到晚上，马耕田下班回家后，她板着脸问："马耕田，家里为什么有支口红？"马耕田一听犹如晴天霹雳炸响，心中暗暗叫苦，坏了，这可怎么是好。但是，不能承认有婚外情啊。他假装困惑地说："不会吧！是不是你以前落在家里的口红？"妻子"啪"地将口红扔在他面前，冷笑着说："你好好看看，这个口红用了没有？"马耕田一看，口红还没有开封使用，急中生智地说："啊……啊……，是这支口红啊。我听说你要回来后，我给你买的。""是吗？那这个口红多少钱啊？"马耕田不知道再往下如何编了，只能呆立在一旁。妻子表情严肃地说："我看你还是诚实点，如实讲吧，到底是怎么回事？"

马耕田知道躲不过去了，只好一五一十讲了冯小芸的故事。马耕田最后说，随着时间的流逝，现在他已经爱上了冯小芸，如果妻子同意离婚的话，他可以把财产全部给她。妻子听完以后，流下了痛苦的眼泪。不久，他们夫妻分居了。

世上没有不透风的墙，冯小芸和马耕田相好的事情终于暴露了，在妻子知道事情真相以后，马耕田提出了与妻子离婚。妻子经过痛苦的思考以后，约冯小芸谈了一次话。

冯小芸坦率地承认她与马耕田相好的事实。她说："我知道自己的行为不对，但是，我控制不了自己的感情。"马耕田的妻子表示："我长期在国外学习，对于马耕田的错误，我可以原谅他。现在，我回来了，你们就应当断绝关系，如果你现在离开马耕田的话，我可以既往不咎。"冯小芸痛苦地摇头道："我已经离不开他了。"马耕田妻子气愤地说："他是有妇之夫你知道吗！你们办结婚证是重婚，是犯法的。"冯小芸低着头一声不吭。马耕田的妻子最后说："我警告你，如果你们再来往，别怪我不客气。"

妻子万万没有想到，马耕田已经王八吃秤砣——铁了心，分居以后他竟然搬到冯小芸处住。得知这个情况后，妻子越想越生气，你们两个人，一个说要跟我离婚，另一个说不能分离，根本不把我这个合法妻子当回事。她作为现代人，自认为可以豁达地看待感情问题，但是，她不能容忍他们对自己尊严的侵犯。于是，她又和马耕田谈了一次话。马耕田坚持说，他不能再欺骗她，也不能欺骗自己的感情，目前他确实离不开冯小芸了。马耕田的妻子一看，婚姻已经无法挽回了，离婚可以，但是，这口气咽不下去。于是，她向家庭所在地的警方控告马耕田和冯小芸重婚。

警方对于她的控告非常重视，立即立案展开了侦查，控制了马耕田和冯小芸，对他们的住处分别进行了搜查，查获了马耕田与妻子和冯小芸分别办理的结婚证，面对这两本婚姻登记机关发放的证书，马耕田与冯小芸的行为显然已经涉嫌重婚罪。由于马耕田不承认自己有重婚行为，而冯小芸承认是自己办理了结婚证。所以，马耕田被警方采取了刑事拘留的强制措施，冯小芸则被取保候审。

警方经过侦查，面对取得的证据，就马耕田与冯小芸的行为是否构成重婚罪进行了论证。

● **法点释义**：重婚罪 >>>

重婚罪，是指有配偶而与他人结婚或者明知他人有配偶而与之结婚的行为。这里的"结婚"包括两种情况：一是登记结婚；二是事实婚姻关系。

站在登记婚姻的角度来考量本案，首先涉及的事实和法律问题是，冯小芸与马耕田结婚登记证书是真是假？有无法律效力？

马耕田以为冯小芸已经将结婚证销毁，所以他在供述时不承认有结婚证的事实，讲他没有和冯小芸去办理过结婚登记手续，只承认两个人产生了感情在一起同居。

冯小芸如实供述为了满足妈妈临终前的心愿，她通过关系办了这个结婚证。由于觉得结婚证可以留作回忆，妈妈去世后她也没有销毁，马耕田不知道这件事。

警方在调查中发现，该结婚证上没有统一的编号，当地的婚姻登记机关档案中没有办理该证件的相关资料，也没有工作人员承认办过这个证件。为了进一步查明事情真相，警方委托鉴定机构对结婚证进行了司法鉴定，鉴定结果为证件上盖的章是真的。于是，围绕该证的法律效力，产生了两种不同的意见：

一种意见是，尽管该结婚证是通过不正当的途径获得的，但是该证是真实的，说明双方的夫妻关系获得了国家婚姻登记机关的认可，具有证明婚姻关系的法律效力，尽管马耕田没有参与办理结婚证，但是他得知这一事实后没有表示异议，随后又与冯小芸同居生活，所以他们的行为均已经涉嫌构成重婚罪。因此，应当追究他们重婚罪的刑事责任。

另一种意见是，结婚证虽然是真证件，但不具有法律效力，因为他们结婚没有按照我国婚姻登记条例相关规定履行法定登记程序。我国《婚姻登记条例》第四条第一款规定："内地居民结婚，男女双方应当共同到一方当事人常住户口所在地的婚姻登记机关办理结婚登记。"第五条第（一）、（二）项规定："办理结婚登记的内地居民应当出具下列证件和证明材料：（一）本人的户口簿、身份证；（二）本人无配偶以及与对方当事人没有直系血亲和三代以内旁系血亲关系的签字声明。"以此衡量本案的事实，一是他们没有共同去办理结婚登记手续；二是他们没有出具法律要求的证明文件。同时，他们的同居行为不能简单地认定为婚姻生活。

最后，警方认定，他们二人的行为不是构成重婚罪要求的"登记结婚"行为。

那么，他们二人是否属于事实婚姻关系呢？这是本案涉及的第二个事实和法律问题。

《最高人民法院关于〈婚姻登记管理条例〉施行后发生的以夫妻名义非法同居的重婚案件是否以重婚罪定罪处罚的批复》中明确规定，新的《婚姻登记管理条例》（1994年1月12日国务院批准，1994年2月1日民政部发布）施行后，有配偶的人与他人以夫妻名义同居生活的，或者明知他人有配偶而与之以夫妻名义同居生活的，仍应按重婚罪定罪处罚。可见，即便现在民事法律不再承认事实婚姻，但是为了惩罚犯罪，保护一夫一妻制的婚姻家庭关系，在进行刑事追究时，对事实婚姻仍然要予以处罚。一种意见认为，根据警方获取的证据看，马耕田与冯小芸同居生活，在马耕田妻子知道事情的真相后，他们均表示已经离不开对方。小区的保安证明，在休息日多次看到他们出双入对。因此，他们属于以夫妻名义同居生活，行为已经构成重婚罪。另一种意见认为，从调查的情况看，马耕田虽然与冯小芸同居，但是，双方知道在目前状态下他们不是夫妻，所以，没有以夫妻名义相称，由于同居时间较短，周围邻居也没有看到过冯小芸在马耕田家出入，保安虽然证明两个人在周末的时候结对出入，但只是认为两人关系密切。由此可见，马耕田与冯小芸的行为虽然不正当，但是与重婚罪所要求的构成事实婚姻的条件不符。

警方综合案件的全部事实，最后作出法律判断：马耕田与冯小芸的行为不构成重婚罪。于是，警方决定撤销案件，马耕田和冯小芸恢复了人身自由。

● **法律链接：婚姻关系确立 >>>**

案发时法律规定：《中华人民共和国婚姻法》

第八条 要求结婚的男女双方必须亲自到婚姻登记机关进行结婚登记。符合本法规定的，予以登记，发给结婚证。取得结婚证，即确立夫妻关系。未办理结婚登记的，应当补办登记。

《最高人民法院关于人民法院审理未办结婚登记而以夫妻名义同居生活案件的若干意见》（1989年12月13日 法（民）发〈1989〉38号）

1. 1986年3月15日《婚姻登记办法》施行之前，未办结婚登记手续即以夫妻名义同居生活，群众也认为是夫妻关系的，一方向人民法院起诉"离婚"，如起诉时双方均符合结婚的法定条件，可认定为事实婚姻关系；如起诉时一方或者双方不符合结婚的法定条件，应认定为非法同居关系。

《最高人民法院关于适用〈中华人民共和国婚姻法〉若干问题的解释（一）》（2001年12月24日最高人民法院审判委员会第1202次会议通过 法释〔2001〕30号）

第五条 未按婚姻法第八条规定办理结婚登记而以夫妻名义共同生活的男女，起诉到人民法院要求离婚的，应当区别对待：

（一）1994年2月1日民政部《婚姻登记管理条例》公布实施以前，男女双方已经符合结婚实质要件的，按事实婚姻处理。

（二）1994年2月1日民政部《婚姻登记管理条例》公布实施以后，男女双方符合结婚实质要件的，人民法院应当告知其在案件受理前补办结婚登记；未补办结婚登记的，按解除同居关系处理。

民法典新规定：《中华人民共和国民法典》

2021年1月1日起施行的民法典，将婚姻家庭关系收入第五编：婚姻家庭，并合并了收养法的内容。关于事实婚姻，我国民法典坚持了婚姻法的登记主义原则，即确立婚姻关系的前提为结婚登记，当事人符合结婚条件而未办登记的，民事法律不承认事实婚姻。

第一千零四十九条 要求结婚的男女双方应当亲自到婚姻登记机关申请结婚登记。符合本法规定的，予以登记，发给结婚证。完成结婚登记，即确立婚姻关系。未办理结婚登记的，应当补办登记。

一次荒唐的网络招聘，使马耕田和冯小芸两个人陷入了情网，又触犯了法网，尽管失去人身自由的时间是短暂的，但是，他们经受的磨难是巨大的。马耕田妻子重婚罪的控告虽然没有达到目的，但是，事情并没有了结。

尽管马耕田和冯小芸的行为不构成重婚罪，但是，冯小芸伪造结婚证即国家机关证件的行为已经触犯法律。我国治安管理处罚法第五十二条第一款规定，"伪造、变造或者买卖国家机关、人民团体、企业、事业单位或者其他组织的公文、证件、证明文件、印章的"，处十日以上十五日以下拘留，可以并处一千元以下罚款；情节较轻的，处五日以上十日以下拘留，可以并处五百元以下罚款。公安机关根据冯小芸的悔过态度和本案的实际情况，对冯小芸处以十日拘留、五百元罚款的治安管理处罚。

马耕田的妻子也向法院提起了离婚诉讼，马耕田在法庭上承认了自己的过错行为，表示愿意把自己的那份财产给妻子。于是，在法院主持下，双方很快达成离婚协议，马耕田将全部财产给了妻子，自己搬出家门。

冯小芸从拘留所出来后，单位与她解除了劳动合同。她去找马耕田。马耕田回想从自己应聘以来，似乎一直被冯小芸牵着鼻子走，从男友变丈夫，从相识到同居，从被警方刑事拘留到法院调解离婚，冯小芸给自己带来的快乐是有限的，更多的是麻烦。所以，他对冯小芸说："这段时间发生的事情太多，我脑子里很混乱。让我们分开都静心想一想。然后，再决定我们保持一个什么样的关系。"

案件虽然告一段落，但是，他们的人生还在继续，每个人都会审视自己的内心，衡量感情的是非得失。商品经济确实离不开金钱，但是，金钱绝对不能购买一切，更不能为了金钱不顾一切。道德和法律都是人生的尺度，把握好分寸才能游刃有余。

醉酒风波

◆ 关键词：安全保障义务

王大平是个司机，自己有辆货车，平时走南闯北，常年奔波在外，疲劳和孤独使他成了一个酒鬼，每天不喝几杯就觉得日子过不下去，遇到亲朋好友更是开怀畅饮。虽然每次醉醺醺回家后，妻子刘晓翠都不给他好脸色看，但他从来不在乎，依旧是酒照样喝，人照样醉，醉后回家倒头便睡。谁也没有想到，他因为爱喝酒，把自己喝成了残废，把朋友喝成了仇人，喝出一个民事赔偿案件来……

● 同学邂逅情义重 以酒会友惹祸端

2007年夏季的一个下午，王大平刚跑完长途回到家，在路上就遇到了中学同学陈鹏。

他们高中毕业后已经20多年没见面，路上邂逅两个人都非常高兴。陈鹏现在是一家民营企业的销售部经理。王大平见面就说："听说你小子现在当官了？"陈鹏谦虚道："有限公司的一个部门经理，算什么官？就是给老板打工的。"王大平说："那你挣钱总比我这个开长途车的多吧！"陈鹏点点头承认，笑着说："可能比你多挣一点。"王大平一听就说："那今天你得请客喝酒！"陈鹏爽朗地答应："可以，你说吃什么吧。"王大平笑道："我只要有酒喝，吃什么都可以。"

于是，他们来到了一家装修气派的饭店，在二楼挑了一个临街的桌子坐下，点了几个菜，要了一瓶白酒，两个老同学推杯换盏喝了起来。喝酒的人路数很多，什么感情深一口闷，感情浅舔一舔。他们既然是多年同学相见，自然感情很深，所以两个人喝了不少酒。

很快，王大平和陈鹏就喝完了一瓶白酒。这瓶白酒下肚以后，两个人的舌头都有点硬了，话虽然说不利索了，同学感情却进一步加深了。他们都觉得两个人只喝一瓶酒不过瘾，也显示不出男子汉的气概来，陈鹏马上又招呼服务员："再拿一瓶酒来！"于是，第二瓶白酒在他们豪饮下，很快又下去了大半瓶。一晃两个多小时过去了，楼上的客人已经走得差不多了，他们也从豪言壮语变成了胡言乱语。

陈鹏声音含混地对王大平说："老同学，差不多了，别喝了！"王大平不干："不行，咱哥俩这么长时间没见了，瓶里就这么点酒了，还留着它干吗？喝了吧！"陈鹏觉得酒已经一个劲地往喉咙眼涌，摆摆手说："我真不行了，这点酒你拿回家喝吧！"王大平也已经有七八分醉意，他拿起酒瓶往酒杯里斟满酒，然后对陈鹏说："咱俩最后再干这一杯，你不喝就是看不起老同学。"陈鹏一听这个话，马上端起酒杯，摇摇晃晃地站起来与王大平碰杯，然后，一饮而尽。

接着，陈鹏结账后，他们准备下楼回家。就在这个时候，意外发生了。陈鹏和王大平走路不稳，在楼梯上碰撞后一起跌倒，顺着楼梯滚了下去。饭店的服务员急忙上前把他们搀扶起来，发现他们已经神志不清了。饭店负责人一看情况严重，马上拨打了120急救电话，把他们送到了医院。

两个多年不见的老同学，以酒助兴联络感情。喝酒前，两个人兴高采烈走上楼梯；喝酒后，两个人滚下楼梯遍体鳞伤。这一滚实际上是他们命运的转折点，他们的人生从此被改写。

医院通过他们的手机和随身证件找到了他们的家人。陈鹏除了脚脖子扭伤以外，身体没有其他伤情，在医院检查完以后，妻子把他接回家。而王大平的妻子刘晓翠听到丈夫喝多受伤的消息以后，心里是又气又急。气的是，自己平时说的嘴唇都磨出茧子了，王大平仍然改不了贪杯的毛病；急的是，今天听到的喝多情况与以前不一样，以前大不了别人把他扶回家，今天他是被救护车拉到医院。

当刘晓翠赶到医院时，丈夫王大平仍然处于昏迷状态中。医生知道她的身份后，对她说："我们根据救死扶伤的人道主义精神，在没有家属交费的情况下已经对你丈夫进行了积极的救治。目前看，他的生命体征平稳，醉酒的情况经过我们的医治，已经没有什么危险了。但是，根据初步检查的结果，他从楼上滚下来后，身体受伤的情况不太乐观，他的第一腰椎骨压缩性骨折，恐怕对今后的生活会产生影响。"刘晓翠一听就急了，赶快问大夫："您说的这是什么意思？"医生坦率地对她说："我的意思是，他以后可能要瘫痪。因为脊椎管内包围着整个脊髓，所以脊椎骨折可能造成脊髓损伤，引起截瘫，严重时可导致死亡。"瘫痪？死亡？刘晓翠觉得自己眼前一黑，一阵天旋地转后瘫倒在地上。

刘晓翠没有想到丈夫受伤如此严重，转眼间从一个顶天立地的男子汉变成了半身瘫痪的残疾人，从家里的顶梁柱变成了家庭的累赘和负担，今后的生活该怎么办啊！

陈鹏伤势较轻，只是脚踝扭伤，他在家休息了几天以后，就瘸着腿到医院看望王大平。这时候，王大平已经苏醒，看见陈鹏还微笑着打招呼。可是，王大平的妻子刘晓翠对他态度就没有那么友善了，她一直板着脸一声不吭。陈鹏经过了解得知，王大平腰部以下肢体现在没有知觉，大小便不能控制，更不能坐卧行走。这时候，陈鹏才知道为什么王大平的妻子对自己态度那么冷淡。尽管不是自己把王大平灌醉摔伤的，但毕竟当天是他们一起喝酒后出的事，陈鹏心里感到有些过意不去。他到银行取了5000元，专门给王大平送去当作医疗费。

经过一段时间治疗，医生明确告诉王大平两口子，王大平的病不是三五天能治好的。因为腰椎骨折合并脊髓圆锥和马尾神经的损伤，临床上表现为损伤平面以下肢体感觉和运动功能不同程度的丧失，如果不及时治疗，患者的恢复会很困难，甚至可能长期卧床，生活不能自理，生活质量低下，身心健康遭受摧残，会给家庭带来沉重负担。如果引发褥疮、肺部感染、泌尿系统感染、结石等并发症，严重者会威胁生命。医院目前正通过复位等手段抓紧治疗。所以，一是希望王大平不要失去信心，配合治疗；二是家里要准备好医疗费用。看病需要钱，道理谁都懂，但是，王大平两口子手中没有积蓄，他这一段时间的治疗已经让家里经济状况吃紧。后续到哪里去找钱治病呢？

王大平沮丧地对妻子说："我这个病就是看好了也开不成车了，不如把车卖了，拿钱先治病。"刘晓翠说："你那个破车能卖几个钱，这病不是那几个钱就能看好的。"王大平发愁地道："那怎么办？"刘晓翠问："那天你们是怎么摔倒的？"王大平说喝多了记不住，他只记得两个人干了最后一杯酒，剩下的情况就不知道了。刘晓翠说："我听饭店的服务员讲，是陈鹏把你拽倒的，滚到地上后他压在你身上，所以你才受伤这么重。你应该去找陈鹏，让他赔钱。"王大平一听立刻反对："找他干吗，我喝多了又不怨他。"刘晓翠气愤地说："你不要没有原则。你以前喝多了也不是这样，顶多回家上床睡觉。那天如果不是他把你从楼梯上推倒摔下来，你怎么会受这么重的伤。"王大平现在凡事依靠妻子，他也不敢和刘晓翠犟嘴，仔细一想她说的好像也有点道理，但是出于哥们义气，他还是不想找陈鹏索赔。他知道一说这个事，哥们肯定伤和气。可是，刘晓翠不管那么多，她觉得让陈鹏赔钱是天经地义的事，把人摔伤就应当赔钱，她决定不管王大平怎么想，她自己去找陈鹏。

● 追究责任成仇人　是非曲直难分明

刘晓翠去找陈鹏后，王大平在病床上心神不定，辗转反侧。王大平不想让妻子刘晓翠去找陈鹏，可是刘晓翠铁了心要与陈鹏理论，他也无能为力，根本拦不住。再说，他治病也确实需要钱，陈鹏能资助自己吗？刘晓翠说话不讲分寸会不会激怒陈鹏？

王大平的妻子刘晓翠见到陈鹏后，直截了当就讲："我今天来没有别的意思，王大平现在瘫痪在床，需要钱给他治病，否则他永远就站不起来了。"陈鹏点头称是。刘晓翠又说："他受伤跟你有关，你应该对这件事负责，你愿意出多少钱？"陈鹏苦笑道："嫂子，你是不是搞错了，我为什么要出钱？"刘晓翠不由自主地提高了嗓音："王大平受伤是你推倒压伤的，否则他怎么会腰椎骨折！"陈鹏皱眉辩解道："他受伤的时候你又不在现场，你凭什么说是我推倒压伤的？"刘晓翠说："王大平送到医院后，我去你们喝酒的饭店了，是服务员亲口跟我说的。"陈鹏断然否认："你不了解情况啊。这件事是王大平引起的，那天我们两个在街上遇到，他非让我请他喝酒。我们喝了一瓶以后，我说不要喝了他不同意，又让服务员拿来第二瓶，喝了一半后我劝他也不听，非拉着我又喝了满满一杯。下楼时饭店的楼梯滑，我和王大平同时都摔倒了，我的脚关节也扭伤了。所以，王大平受伤我没有责任，出于关心我已经拿出 5000 元。你如果说责任，是饭店有责任，你应该找饭店要钱。"

陈鹏和刘晓翠围绕王大平受伤陈鹏有没有责任，双方是各执一词，争执不休。刘晓翠横下一条心："不管你怎么说，今天你不拿钱，我就不离开你家。"说完，她气呼呼地坐在椅子上，摆出一副不达目的誓不罢休的架势。陈鹏一看没辙了，面对同学的妻子，他骂不能骂，打也不能打，只好闷头坐下，两个人默默无语。

后来，陈鹏看天快黑了，两个人再僵持下去也不是个办法。他就对刘晓翠说："嫂子，要不这样吧，我陪你到饭店去一趟，看他们能赔多少，不足的部分咱们再想办法，需要我帮忙的，我不会不管。"虽然陈鹏没有答应赔钱，但是他话语里流露出愿意出钱的意思，刘晓翠想想去饭店一趟也好，试试行不行再说。于是，他们两个人就去了饭店。

饭店的值班经理接待了她们，听他们说是来要求赔偿的。经理就把那天当班的二楼服务员找来，让她们当着陈鹏和刘晓翠的面把当天情况再说一遍。于是，服务员都说，当天晚上王大平和陈鹏酒都喝多了，第二瓶酒还是陈鹏不让喝完的。下楼梯时，王大平一只手扶着楼梯的扶手，陈鹏拉着他的另一只手。陈鹏下楼脚一软把王大平带倒，两个人滚下楼梯以后，陈鹏压在王大平的身上，是饭店叫救护车把他们送到医院的。

经理等她们说完以后，对刘晓翠和陈鹏说："事情经过你们都听清楚了，我们饭店是提供餐饮服务的，客人就是上帝。陈先生他们都是成年人，喝什么、吃什么、喝多少酒我们管不了。那天是客人自己喝多摔倒的，与我们饭店无关。按照道理，我们当天呼叫的救护车出诊费和护送工作人员的误工费都应当由你们承担，考虑到你们是顾客，又都受伤了，我们就算了，由饭店自己承担。所以，你们现在要求我们赔偿是没有道理的。"

陈鹏辩解说："我们摔倒是你饭店的地滑引起的，而且饭店的楼梯只有上楼的一边有扶手，下楼的一边没有扶手，饭店当然有责任，应该进行赔偿。"经理没有生气，笑着对他说："不是地滑，是您喝多了脚软。我们那么多客人在二楼吃饭，为什么没有一个摔倒的？对不起，我还有事情，如果你们还有不同意见，咱们可以打官司。"

饭店经理的一番话，让刘晓翠和陈鹏无功而返。但是，她不甘心，仍然要求陈鹏拿钱给王大平看病。陈鹏说自己已经拿出5000元了，没有义务再出钱。他们两个人在路边争执起来，越说越激烈，引得路人侧目相看。后来，有人打了110报警，警察赶到现场，把他们带到派出所。刘晓翠把事情的起因向警方进行了陈述，警察给他们分别做了笔录。然后告诉他们："你们不要再争吵了，我们会进行调查，然后给你们一个结论。"

为了替丈夫王大平讨回公道，刘晓翠与陈鹏反目成仇，饭店也说自己没有责任。那么，在警方介入后事情会发生怎样的变化呢？

警方受理后，对案件立案侦查，对饭店现场进行了勘查，楼梯贴墙而建，上楼一边有扶手，下楼一边没有扶手，楼梯宽度为2.2米，踏步（就是台阶）18级。根据饭店服务员的证明，王大平、陈鹏是从上面大概第5级踏步摔下来的。同时，法医对王大平的伤情进行了鉴定，结论为，王大平的受伤是外力所致，已经构成重伤。警方由此认为，陈鹏的行为已经涉嫌过失致人重伤，对他采取了刑事拘留的强制措施。

● 法点释义：过失致人重伤罪 >>>

过失致人重伤罪，是指过失伤害他人身体，致人重伤的行为。本罪在主观方面表现为过失，包括疏忽大意的过失和过于自信的过失。即行为人没有伤害的故意，只是出于过失才造成被害人重伤的结果。本罪在客观方面表现为非法损害他人身体健康的行为，并且达到重伤的程度。我国刑法第二百三十五条规定："过失伤害他人致人重伤的，处三年以下有期徒刑或者拘役。本法另有规定的，依照规定。"

陈鹏戴上手铐，被鸣叫的警车送进看守所，失去了人身自由。王大平随后也向警方提交了刑事附带民事控告书，要求追究陈鹏过失致人重伤的刑事责任，赔偿自己的经济损失。由于案件事实清楚，证据确实充分，警方向检察机关提请逮捕。

检察机关受理后认为，陈鹏的行为虽然导致王大平受重伤，但是，过失致人重伤罪要求行为人的主观方面有过失，就是说，行为人应当预见自己的行为可能发生危害结果，因为疏忽大意而没有预见，或者已经预见而轻信能够避免，以致发生这种危害结果而构成的犯罪。当天，陈鹏脚软带倒王大平纯属酒后肢体失去平衡，不是他的意志所决定的，所以，他在主观上没有任何过错。我国刑法第十六条规定："行为在客观上虽然造成了损害结果，但是不是出于故意或者过失，而是由于不能抗拒或者不能预见的原因所引起的，不是犯罪。"根据刑法理论，这种情况称为"意外事件"，是指由于不以行为人主观意志为转移，行为人无法预料的原因而发生的意外事故。由于行为人主观上没有故意或过失，对实际发生的损害结果没有罪过，不应当负刑事责任。因此，检察机关决定不批准逮捕。警方向陈鹏宣布了检察机关的决定，并释放了他。又向王大平通报了检察机关的决定，建议民事赔偿问题通过向法院诉讼的方式解决。

警方立的刑事案件被撤销后，陈鹏恢复了自由之身，但是，王大平的经济损失没有得到弥补。接下来，王大平怎样才能维护自己的合法权益呢？

● 法律衡平解难题　公平担责息纷争

王大平的妻子为他聘请律师，向法院提起了民事诉讼，被告是陈鹏。王大平在诉状中要求陈鹏赔偿他的医疗费、伤残补助费、营养费、护理费、误工费等各项经济损失和精神损害赔偿，共计30余万元。

陈鹏向法院提出申请，由于饭店的安全措施不到位，导致王大平受伤，所以他申请追加饭店为本案的第三人参加诉讼。法院在审查了他的申请以后，认为饭店和本案的处理结果有利害关系，于是通知饭店参加诉讼。同时，法院委托鉴定机构对王大平的伤残程度进行了鉴定，结论是五级伤残。在法院开庭审理时，王大平的妻子用轮椅推着王大平出席了庭审，陈鹏和饭店代理人都到场应诉。各方围绕着本案王大平受伤的责任划分、经济损失的计算等问题展开了辩论。

本案共涉及下面几个法律问题：

一是王大平受伤，究竟哪些人负有责任？王大平说，是陈鹏在下楼时摔倒把自己带倒，滚下楼梯后又压在自己腰上，使自己受伤变成了残疾人，所以，陈鹏应当对自己的经济损失和精神损害进行赔偿。陈鹏辩解，当天王大平提议喝酒，喝多下楼时因为饭店地滑，加上楼梯靠墙处没有安全扶手，自己滑倒时带倒王大平，导致自己和王大平受伤。饭店和王大平都有责任，自己没有过错，但愿意作出人道主义表示。饭店代理人指出，饭店的设施符合公共场所的安全要求，多年来从没有客人在饭店受伤，王大平受伤完全是他们两个人酗酒导致的，与饭店没有任何关系。饭店为了对客人负责，还呼叫了120急救车，同时协助医院通知了伤者家属。饭店已经做到了仁至义尽，不应当承担本案的民事责任。

法院经过审理后认为，本案的情况应当适用过错责任原则，即以行为人的过错作为归责的根据，这是我国法律确定侵权责任的一般归责原则。那么，本案中各方当事人究竟有没有过错呢？

原告王大平承认，当天晚上喝酒是他倡议的，在喝酒当中劝酒致陈鹏和自己都喝多了，所以，他劝陈鹏喝酒与损害结果的发生有一定的联系，自己负有相应的责任。

被告陈鹏，身为成年人，不能控制自己的酒量喝多了，下楼时带倒受害人，摔倒时不但没法自救，而且连累了别人。对于王大平的受伤负有主要责任。他所辩解的由于饭店地滑才摔倒的理由，由于没有证据不能被法院认定。

第三人饭店，作为公共餐饮场所，应当充分注意自己对顾客负有的安全保障义务，根据警方的现场勘查，楼梯的宽度为2.2米，超过了1.4米两股人流的净宽。根据我国城乡建设环境保护部发布的《民用建筑设计通则》第4.2.1条楼梯第六项规定，"梯段净宽达三股人流时应两侧设扶手"。饭店在紧贴墙壁一侧没有任何拉扶设施，造成顾客在靠墙一侧下楼时无法保证自身安全，因此饭店也对此事负有责任。

二是王大平的经济损失，各方如何赔偿？王大平的经济损失数额根据伤残鉴定和法律的有关规定已经明确，关键是在本案中应当确定各方承担赔偿责任的比例。

关于原告王大平的承担比例。根据《最高人民法院关于审理人身损害赔偿案件适用法律若干问题的解释》（法释〔2003〕20号）第二条规定："受害人对同一损害的发生或者扩大有故意、过失的，依照民法通则第一百三十一条的规定，可以减轻或者免除赔偿义务人的赔偿责任……"根据公平原则，王大平应当自行承担20%的责任。

关于被告陈鹏的承担比例，根据我国民法通则第一百零六条第二款规定："公民、法人由于过错侵害国家的、集体的财产，侵害他人财产、人身的，应当承担民事责任。"陈鹏应当承担50%的赔偿责任。

关于第三人饭店的承担比例，根据《最高人民法院关于审理人身损害赔偿案件适用法律若干问题的解释》（法释〔2003〕20号）第六条第一款规定："从事住宿、餐饮、娱乐等经营活动或者其他社会活动的自然人、法人、其他组织，未尽合理限度范围内的安全保障义务致使他人遭受人身损害,赔偿权利人请求其承担相应赔偿责任的,人民法院应予支持。"饭店应当承担30%的赔偿责任。

最终,法院依据这一承担比例作出了民事赔偿判决。

大家可能会觉得奇怪,在此之前检察院决定不批准逮捕陈鹏的时候,曾经指出陈鹏主观上没有过错。可后来民事诉讼中法院又认定陈鹏有过错,要承担主要的赔偿责任。这是怎么回事呢?原来,由于刑事诉讼可能导致刑事制裁,就是行为人被剥夺人身自由和财产所有权,因此,对责任和证明的要求最为严格,而民事诉讼对此的要求就相对宽松。所以,一个在刑事诉讼中最终无罪的人,仍然有可能为自己的行为在民事诉讼当中承担责任,这是正常的。美国著名的橄榄球明星辛普森杀妻案中,在刑事诉讼中他被陪审团裁决无罪;但是民事赔偿诉讼中则被认定对谋杀负有责任,判决支付巨额赔偿费。这就是一个典型的例子。

● 法律链接:侵权责任 >>>

侵权责任,是民事主体因实施侵权行为而承担的民事法律后果。凡对他人过错实施侵害其合法权益的行为,即构成侵权行为,要对受害方承担责任。

案发时法律规定:《中华人民共和国侵权责任法》

第二条 侵害民事权益,应当依照本法承担侵权责任。

本法所称民事权益,包括生命权、健康权、姓名权、名誉权、荣誉权、肖像权、隐私权、婚姻自主权、监护权、所有权、用益物权、担保物权、著作权、专利权、商标专用权、发现权、股权、继承权等人身、财产权益。

第六条 行为人因过错侵害他人民事权益,应当承担侵权责任。

根据法律规定推定行为人有过错,行为人不能证明自己没有过错的,应当承担侵权责任。

第十二条 二人以上分别实施侵权行为造成同一损害，能够确定责任大小的，各自承担相应的责任；难以确定责任大小的，平均承担赔偿责任。

第十六条 侵害他人造成人身损害的，应当赔偿医疗费、护理费、交通费等为治疗和康复支出的合理费用，以及因误工减少的收入。造成残疾的，还应当赔偿残疾生活辅助具费和残疾赔偿金。造成死亡的，还应当赔偿丧葬费和死亡赔偿金。

民法典新规定：《中华人民共和国民法典》

2021年1月1日起施行的民法典，第七编为"侵权责任"，将原侵权责任法中的民事权益列举条款删除，使民事权益保护的范围更加广泛，强调了承担侵权责任的前提是行为造成损害。还规定了自甘风险和自力救济原则，扩大了人身损害赔偿范围，增加了故意侵害知识产权被侵权人可主张惩罚性赔偿以及环境侵权责任等规定。与本案相关的规定：

第一千一百六十五条 行为人因过错侵害他人民事权益造成损害的，应当承担侵权责任。

依照法律规定推定行为人有过错，其不能证明自己没有过错的，应当承担侵权责任。

第一千一百七十二条 二人以上分别实施侵权行为造成同一损害，能够确定责任大小的，各自承担相应的责任；难以确定责任大小的，平均承担责任。

第一千一百七十三条 被侵权人对同一损害的发生或者扩大有过错的，可以减轻侵权人的责任。

王大平因为贪杯，喝坏了身体，喝没了友情。俗话说：乐极生悲。酒喝多了就摔跟头。酒乃穿肠毒药，小饮可怡情，多饮则伤身。喜欢喝酒的朋友们，千万记住健康的身体不仅是你自己的，更是整个家庭的。因为您身上寄托着亲人们的美好愿望。

桃色事件

◆ 关键词：添附

春节是中华民族的传统佳节。林伯渠在《春节看花市》一诗中曾经写道："通宵灯火人如织，一派歌声喜欲狂。正是今年风景美，千红万紫报春光。"可见红火热闹是春节的主题词。王鹏也因为爱热闹在春节时把同在异乡的乡亲聚在一起过年，不料却由此引发了家庭纠纷，新婚妻子赵玲坚决与他离婚。但是，在他人生处于绝望之时，妻子却又奇迹般与他团圆。这个悲喜交加的案情要从2010年的春节讲起……

● **夫妻两地过春节　异性合照惹风波**

2009年，是王鹏生命中重要的一年，他和相恋两年的女友赵玲决定结婚，并用自己多年积蓄在市区买了一套两居室的新房，赵玲出钱装修。新房装修好后，他们国庆节期间去民政局领了结婚证，并决定在2010年举行一场隆重的婚礼。

春节就要来临，到处都洋溢着喜庆的气氛。往年王鹏和赵玲都会回老家过春节，但是今年不一样，因为按照当地的习俗，新买的房子过年不能空着。于是，他们两个人商定，赵玲回家过年，王鹏留在新房里守岁。

到了农历二十六，赵玲请假坐火车回家了，行前跟王鹏说好，她大年初五回来。整个春节，王鹏都是在对妻子的思念中度过的。

大年初四一大早，冬天的晨曦升起，王鹏在睡梦中被开门声惊醒。他困惑地走到客厅一看，竟然是妻子赵玲提前回来了。王鹏高兴地上前搂住赵玲，要和她接吻："你是不是想我了，提前回来要给我一个惊喜？"没想到，赵玲冷冷地一把推开他，径直向卧室里冲去。

赵玲进了卧室以后，先把被子掀开查看，然后又打开衣柜查看，再弯腰检查床底，紧接着她又把屋子每个角落都搜查了一遍。站在一旁的王鹏被弄得一头雾水："赵玲，你在找什么啊？"赵玲双手叉腰冲他翻白眼，怒气冲冲地问："那个狐狸精呢？"

"什么狐狸精？"王鹏更糊涂了。"谁是狐狸精？"王鹏这句话像导火线把赵玲点燃了，她指着王鹏高声骂了起来："你这个爱情骗子、花心大萝卜，竟然把小三领到家里来风流快活，真不要脸。"

这大早上刚一见面，王鹏就莫名其妙被赵玲骂了一顿，他心里的火也冲了上来："你是不是有神经病啊！你高高兴兴回家过年，把我一个人留在这里。我还没抱怨呢，你回来不但不安慰我，见面就对我破口大骂，还说我找小三，凭什么啊？你说话得有证据。"

王鹏说得义正词严，赵玲听后冷笑了一声，从包里掏出几张照片甩在茶几上："王鹏，你要证据？好，我就给你证据，看你怎么解释！"

王鹏疑惑地拿起照片，看后他顿时吃了一惊，照片里是自己和一个女人的合影，而且就是在他家拍的照片，怪不得赵玲一回家就到处检查，看他是否藏了别的女人。

"你怎么不说话了？刚才不是还口若悬河吗？是不是想告诉我这个男的不是你啊！"赵玲愤怒地质问他。

王鹏慌乱之中不知如何回答是好。他尴尬地说："这不是真的，你听我解释……""你不用解释，告诉我这个女的是谁？咱们刚登记结婚，还没有举行婚礼你就把人往家领，你算什么人？咱们离婚吧。"

王鹏急得面红耳赤地说："赵玲，这女的跟我没有关系，你误会了。"赵玲指着照片对他说："你们两个人都拍照片了还说没有关系，你当我是傻瓜啊！你不用编假话骗我。"王鹏一看赵玲不让他说话，就生气地说："你愿意怎么想是你的事，我们就是没有关系。"

赵玲提着包开门往外走，边走边说："咱们法庭上见吧。"她义无反顾地离家而去。王鹏气得呆坐在沙发上，看着眼前的照片，他心里虽然明白自己是清白的，但是在证据面前又有口难辩。

赵玲高高兴兴回家过年，怎么会气呼呼地提前回来？而且进屋就向王鹏兴师问罪？显然和王鹏与另一个女孩的合影有关。这到底是怎么回事呢？一切还得从赵玲回家过年说起……

● 好心帮忙惹麻烦　请人救火帮倒忙

王鹏性格开朗，为人热情，喜欢交朋友，他的信条就是多个朋友多条路。平时，上班有同事为伍，下班有女友相伴，他也没觉得有什么寂寞。可是，今年春节不一样，因为自己要住在新房里，不能回老家过年，熟悉的亲朋好友都各自回家过年去了，王鹏感觉整座城市一夜之间变得陌生起来。

赵玲在农历二十六走后，王鹏一个人待在冷冷清清的家里。别说长假7天，连一刻钟他都觉得寂寞难耐。他躺在沙发上摆弄着电视机遥控器，漫无目的地从这个台转到那个台，感到百无聊赖。突然，电视里有则新闻引起了他的兴趣，新闻中说，某地政府有关部门和企业为不回家留在当地过年的外地人创造条件，让他们欢聚一堂，共度新春。王鹏突然眼前一亮，自己为什么不也找些同城老乡一起过年呢？这样既可以交到新朋友，又可以排遣一个人的寂寞。想到这儿，他一骨碌从沙发上跃起，赶紧在网上把诚招老乡一起过春节的帖子发了出去。

很快，就有人回帖跟他联系了。应征者是一个女老乡，叫田媛媛，正打算过年不回家，她愿意与王鹏AA制过年。在网上聊了一会儿，两个人都觉得挺投机的。于是，王鹏就提出来要见面，田媛媛愉快地答应了。

第二天，王鹏和田媛媛见了面，他们都在数码公司工作，背井离乡在外地打拼，相同的经历一下子拉近了他们的距离。他们聊工作、生活、感受，同在异乡为异客让两个年轻人找到了很多共同话题。

王鹏领着田媛媛参观了他的新房，看到王鹏短短几年时间就在这座城市事业有成，还买了这么漂亮的房子，田媛媛心里由衷地敬佩他。

说起田媛媛不回家过年的原因，其实很简单——她被父母逼婚。父母眼看已到晚婚年龄的女儿仍然没有男朋友，心里非常着急，三天两头打电话叮嘱田媛媛赶快找对象，把田媛媛烦得要命。她想，若是回家过年，肯定会被父母和亲戚围攻，耳根子片刻不得清净。与其那样，还不如一个人在这里逍遥自在。但是，她毕竟头一次独自在外过年，怕假期长太无聊而有些犹豫。现在和老乡王鹏一见如故，聊得这么投机，田媛媛的顾虑被彻底打消了，她决定不回家过年。为了让父母同意自己在外过年，田媛媛提出来请王鹏帮忙，在他新房里拍几张合影照片发给父母，骗他们说自己已经交了男朋友，今年要留在这儿过年。给老乡帮点忙算不了什么，王鹏爽快地答应了她的请求，配合她在新房里喜字背景下拍了几张合影照。

很快，又有几个愿意分担费用共同过年的老乡联系上了。几个初次相识的年轻人，操着同样的乡音，很快就成了好朋友，春节过得快乐又热闹。王鹏每天玩得意犹未尽，之前的寂寞也一扫而空。但是，王鹏万万没有想到，赵玲竟然得到了他和田媛媛的合影照片，并以为他和田媛媛有染。赵玲为此气得离家出走，王鹏心里叫苦不迭，后悔不已。

眼看自己的婚姻因为一场"桃色事件"陷入了危机，王鹏想起了始作俑者田媛媛，他开始怀疑田媛媛与他照相是不是别有用心，否则，照片怎么会传出去？妻子赵玲又怎么拿到的照片？他决定去找田媛媛问清楚。

王鹏和田媛媛见了面，田媛媛听后也吃了一惊。她说自己根本不认识赵玲，照片除了传给父母以外，没有给过任何人，怎么到了赵玲手中她绝对不知道。看到田媛媛矢口否认，王鹏也觉得自己与她往日无冤，近日无仇，她不可能也没有理由要拆散自己的家庭。为了挽回即将破碎的婚姻，王鹏希望田媛媛去向赵玲说明真相。但是，他这个请求被田媛媛拒绝了，她说："这是你们俩的家事，我一个外人不便掺和。而且，你想我去说你老婆会相信吗？搞不好这种事情传出去，对我的名声也不好。"王鹏一听也有道理，就没有再勉强田媛媛。

第二天，田媛媛给王鹏打电话，说照片怎么传出去的弄清楚了。原来，田媛媛把照片发回家后，为了让父母相信，她还把冒牌男朋友王鹏吹嘘了一番。看着照片上一表人才的未来女婿，田媛媛的父母心里别提有多高兴了，不但同意她留下过年，还嘱咐她要和男友加深了解。田媛媛的弟弟也把装修别具一格的新房照片放到网上与人共享。估计赵玲在家过年上网时看到了这几张照片，所以才提早回来兴师问罪。

王鹏听了以后哭笑不得，没有想到自己好心帮忙竟然给婚姻带来了危机。他觉得不能和妻子再冷战下去了，应当马上说明情况，争取妻子的谅解。谁知道，他打电话，赵玲不接；发短信，赵玲不回。就在王鹏不知所措的时候，他接到了法院寄来的传票。原来，赵玲一纸诉状递到法院，请求与王鹏解除婚姻关系。

眼看事态发展到不可收拾的地步，王鹏无奈之下只能死马当活马医，决定再去请田媛媛出面说明情况。田媛媛觉得这件事最坏的结果就是他们离婚，自己去说明情况对方信不信也无所谓了。于是，她答应了王鹏的请求，找到赵玲把事情的前因后果讲述了一遍。可是，已经认定他们有奸情的赵玲根本不相信田媛媛的话，还情绪激动地指责她插足别人的家庭。赵玲的话语激怒了田媛媛，她一赌气竟然说："你既然怀疑我们，我还真希望不辜负你的苦心。"结果，两个女人大吵了一架。

王鹏请田媛媛来帮忙，矛盾不但没有消除，反而越发激化了。而田媛媛莫名其妙地被骂成破坏他人婚姻的第三者，心里也感到很委屈。王鹏过意不去，请她吃饭赔罪。由于心情不好，两个人都喝了很多酒，王鹏失望地对她说："我已经想开了，像我妻子这样的小心眼，还没有举行婚礼就闹成这样，以后在一起过日子也好不到哪里去。算了，长痛不如短痛，离就离吧！只是已经定好的婚礼不能如期举行，我会成为别人的笑柄。"

田媛媛想想自己已经成为剩女，也应该有个家了，免得让年迈的父母天天催促。眼前这个男人为人热情，不妨接触一下试试。这样一想，她借酒半真半假地对王鹏说："如果你真离婚了，我就嫁给你。你不用担心婚礼没有女主人，我也不用再听父母的唠叨，咱们一举两得。"

这番话真像凉水浇头一般，王鹏听后酒立刻就醒了，自己眼前的情感纠葛还没有解决，又冒出一个愿意嫁给自己的女人，那赵玲的猜疑岂不是成为现实。王鹏端着酒杯笑着对田媛媛说："老乡，你还年轻，一定会找到比我更好的男人。"

● 贞洁报告还真相　劳燕夫妻重聚合

王鹏想与赵玲和好的各种努力都没有结果，赵玲认定他刚结婚就搞婚外恋，过下去必然悲剧一生，所以执意要和他离婚。

法院开庭审理了他们的离婚析产案件。此时，王鹏也已经心灰意冷，最终同意离婚。由于两个人结婚登记后还没有共同生活过，所以也没有积攒下夫妻共同财产。只有一套新房双方均有经济上的付出，他们为此发生了争议。

赵玲认为该房屋是她和王鹏共同购买所得，只是在出资方式上体现为王鹏支付房屋价款，而自己承担装修费用，应当视为夫妻共同财产，她依法享有一半产权。另外，双方的婚姻破裂是由于王鹏有第三者导致，王鹏属于过错方，自己是无过错方，所以应当得到过错赔偿。她主张获得房屋60%的产权，房屋归她所有，她将房屋40%的折价款给王鹏。

王鹏不同意赵玲的请求，他说自己没有外遇，赵玲将自己的助人行为误解为婚外情。房屋是自己为了结婚用多年积蓄购买的，并且办理了产权登记，属于自己的婚前财产，拥有100%的产权。房屋装修是赵玲花的钱，自己可以折价补偿她；但是，房屋产权她没有份。

本案争议的焦点，就是装修款能够成为主张房屋产权的理由吗？从法律性质上来讲，装修实际上是对房屋的添附。

● 法点释义：添附 >>>

添附，是指不同所有人的物结合在一起而形成不可分离的物或具有新物性质的物。添附是取得所有权的方法之一，是基本的民事制度。

添附主要有混合、附合、加工三种方式。混合是指不同所有人的财产互相掺和，难以分开并形成新财产。附合是指不同所有人的财产紧密结合而形成新的财产，虽未达到混合程度但非经拆毁不能达到原来的状态。加工是指一方使用他人财产加工改造为具有更高价值的新财产。

《最高人民法院关于贯彻执行〈中华人民共和国民法通则〉若干问题的意见（修改稿）》第八十八条规定："非产权人在使用他人的财产上增添附属物，财产所有人同意增添，并就财产返还时附属物如何处理有约定的，按约定办理；没有约定又协商不成，能够拆除的，可以责令拆除；不能拆除的，也可以折价归财产所有人；造成财产所有人损失的，应当负赔偿责任。"由此可见，装修房屋不能成为拥有房屋产权的理由，但是装修的付出应当获得补偿。

经过审理，法院判决他们解除婚姻关系，认定房屋系王鹏婚前购买，属于其婚前个人财产，将房屋判归王鹏所有，但鉴于该房屋的装修系赵玲出资，责令王鹏按照鉴定价格对赵玲进行经济补偿。赵玲在诉请中主张因自己是无过错方而提起的过错赔偿请求因没有足够证据而不予支持。

在王鹏和赵玲的离婚案中，王鹏婚前出资购房，赵玲出资装修，离婚时析产实际上就是夫妻共同财产如何认定的问题。

● 法律链接：夫妻共同财产和个人财产 >>>

案发时法律规定：《中华人民共和国婚姻法》

第十七条 夫妻在婚姻关系存续期间所得的下列财产，归夫妻共同所有：

（一）工资、奖金；

（二）生产、经营的收益；

（三）知识产权的收益；

（四）继承或赠与所得的财产，但本法第十八条第三项规定的除外；

（五）其他应当归共同所有的财产。

夫妻对共同所有的财产，有平等的处理权。

第十八条 有下列情形之一的，为夫妻一方的财产：

（一）一方的婚前财产；

（二）一方因身体受到伤害获得的医疗费、残疾人生活补助费等费用；

（三）遗嘱或赠与合同中确定只归夫或妻一方的财产；

（四）一方专用的生活用品；

（五）其他应当归一方的财产。

民法典新规定：《中华人民共和国民法典》

2021年1月1日起施行的民法典，在第五编"婚姻家庭"中规定了夫妻共同财产和个人财产。与婚姻法相比，民法典在夫妻共同财产中增加了劳务报酬、投资收益，在夫妻个人财产中增加了一方受到人身损害获得的赔偿或者补偿。

第一千零六十二条 夫妻在婚姻关系存续期间所得的下列财产，为夫妻的共同财产，归夫妻共同所有：

（一）工资、奖金、劳务报酬；

（二）生产、经营、投资的收益；

（三）知识产权的收益；

（四）继承或者受赠的财产，但是本法第一千零六十三条第三项规定的除外；

（五）其他应当归共同所有的财产。

夫妻对共同财产，有平等的处理权。

第一千零六十三条 下列财产为夫妻一方的个人财产：

（一）一方的婚前财产；

（二）一方因受到人身损害获得的赔偿或者补偿；

（三）遗嘱或者赠与合同中确定只归一方的财产；

（四）一方专用的生活用品；

（五）其他应当归一方的财产。

通过先后法律规定的对比，我们可以看出，夫妻一方的婚前财产，不会因为结婚而成为共同财产。

拿到法院的判决书，王鹏深感悲哀，他没想到自己的婚姻会因为一场误会而匆匆结束。这个打击让他在接下来的日子里变得一蹶不振，上班懒懒散散，回到家里常常烂醉如泥。

一天，天空下起了春雨，屋外响起了敲门声。王鹏开门一看，来人竟然是好久未见的田媛媛。原来，田媛媛得知了王鹏离婚的消息，她觉得这件事是因为自己引起的，对王鹏充满了愧疚。所以，田媛媛特地冒雨来向王鹏道歉。王鹏向她表示感谢，说这事已经过去了。田媛媛看到王鹏情绪不佳，两个人无精打采地说了一会儿话。田媛媛告辞离去，此后她经常给王鹏打电话，约王鹏出去吃饭聚会。

随着时间的推移，王鹏逐渐走出了婚姻失败的阴影，他感激田媛媛在他最失意的日子给他以安慰，想到这么好的姑娘曾经向他表白爱情却被他拒绝，王鹏越想越觉得过意不去。田媛媛既然对自己有好感，而现在自己又恢复了单身，不如和她进行交往，说不定自己真的会爱上她。于是，王鹏就把自己愿意和田媛媛交朋友的想法告诉了她。田媛媛听后忍不住笑了起来，指着王鹏说："你现在后悔晚了，我已经名花有主了。下次，我带他来，你帮我当参谋。其实，你心里还装着你前妻，千万不要随便找个人当'救生圈'呀。"

听到田媛媛找到了自己的归宿，王鹏失落之余真心地为她高兴。他忽然觉得自己内心变得非常平静，因为这个城市已经没有什么让他留恋的了，他决定离开这个伤心之地。田媛媛说得对，他曾经全身心爱着赵玲，既然自己要走了，就把房子送给她吧。于是，他给赵玲打电话，说自己愿意接受她在法庭上提出的要求，拿40%的房屋折价款，把房子送给她。赵玲以为王鹏突然良心发现，以实际行动承认了他的错误，就同意了他的意见。他们约好了交付价款和办理房屋过户手续的见面时间。

在办理房屋产权过户手续的前一天晚上，王鹏已经向朋友们告别，收拾好了远行的物品，独自坐在沙发上遐想。他即将告别过去的一切，独自开始新的人生。

这时，屋外传来了敲门声，打断了他的思路。王鹏开门一看竟然是前妻赵玲，就急忙请她进屋。只见赵玲尴尬地站在门口，不好意思地看着王鹏，已经感受不到她身上的怨气了。王鹏以为她是来查看房屋现状的，对她说："你先进屋看看房子，如果还有什么要求提出来，我能办到的一定尽量办到。我家具带不走，也送给你了。"

谁知道，听王鹏这么一说，赵玲忽然哭了起来。这可把王鹏吓了一跳，以为她现在手头钱不够，就急忙表态："赵玲，你别哭！有什么事好商量，如果你钱凑不齐，给不给我都行。"赵玲听后号啕大哭，对王鹏说："我错了，我错怪你了。"

王鹏有点丈二和尚摸不着头脑，不解地问："你现在怎么相信我说的话啦？"

赵玲告诉王鹏，田媛媛看到王鹏对于人生已经绝望，要流浪四方，就决定再帮他一把。她主动找到赵玲一起去了医院，田媛媛做了妇科检查，结论还是处女，她用自己的清白之身证明她和王鹏没有不正当的关系。看着这份沉重的检查报告，赵玲羞愧难当，她误解了自己的丈夫，也伤害了无辜的他人。于是，她决定向王鹏赔礼道歉，挽回自己的婚姻。

就这样，王鹏和赵玲破镜重圆。不久，他们重新办理了结婚登记手续，按照原订时间举行了隆重的婚礼。田媛媛和她的男朋友以及许多朋友纷纷赶来庆祝他们的新婚之喜。

这个案件令人悲喜交加，它启示我们，男女组成家庭以后，已经不再是任意行事的个体。夫妻间应当互相包容和尊重，只有建立在信任基础上的婚姻，才能经受住漫长岁月的考验。

爆 竹 之 殇

◈ **关键词：**过错责任原则

2009年初，小学生彭东一放寒假就缠着爸爸给他买鞭炮。爸爸告诉他，你先做好寒假功课，鞭炮等到过年的时候再买。春节前，彭东的寒假作业做完了，爸爸没有违背自己的承诺，领着他去买鞭炮。看着五彩缤纷、各式各样的烟花爆竹，彭东上前就挑大的拿，爸爸马上阻止他，告诉他这些爆竹威力大，小孩燃放太危险了，等你长大以后再买。彭东噘着嘴不高兴了，拿着爆竹不想放手。但是，他拗不过爸爸，最后只能买些爸爸允许购买的烟花爆竹。

回家以后，兴奋的彭东就想先痛快地放一场。可是爸爸说要等到大年三十那天才能放。彭东等啊盼啊，天天度日如年，大年三十终于等到了。

● **燃放爆竹迎新年　转瞬之间喜变悲**

吃年夜饭前，爸爸领着彭东到小区院子里点了礼花，放了鞭炮。看着色彩缤纷的光影，听着噼啪作响的鞭炮声，彭东高兴得手舞足蹈。

晚上10点钟以后，小区里开始逐渐响起第二轮密集的鞭炮声。到了半夜12点钟，此起彼伏的爆竹声和礼花腾空绽放的声音完全湮灭了电视机的声音。这时，彭东在家坐不住了，他急着出去凑热闹放鞭炮。妈妈害怕他受伤，坚决不同意他出去。眼馋的彭东只好在家里窗户旁看着外面夜空中绽放的五彩斑斓礼花，听着震耳欲聋、亮光闪烁的鞭炮声。

大年初一早上，彭东一起床就想出去玩。父母看见这时小区院子里很安静，比较安全，就同意彭东出去玩一会儿。彭东高兴地点燃一支香，拿着他的鞭炮出去放炮了。

走到楼外，彭东就闻到空气中仍然弥漫着硫黄味，满地都是爆竹燃放后留下的碎纸屑。彭东和几个小朋友开始在院子里燃放起爆竹来，"噼噼啪啪"的爆竹声虽然不大，但是给彭东带来了无限的快乐。他一边放鞭炮一边在院子里面玩，突然他发现地上有一个大爆竹还没有爆炸。毫无疑问，这是昨天晚上谁放的爆竹没有爆炸，他高兴地上前捡了起来，看见爆竹外面还露着一截炮捻子。

彭东心里早就盼望父母给他买大爆竹，可是他们说他小偏不给他买，现在发现的这个大爆竹终于可以过把瘾了。他对几个小朋友喊道："哎，我发现了一个大雷子。"小朋友一听都围了过来，他们羡慕地看着彭东手上的大爆竹。彭东得意地看看他们，然后把这个大爆竹立起来放在地上，用手中的香点燃了炮捻子，然后急忙退到后面，几个小朋友都用手捂住了耳朵，等着爆竹发出巨响。

可是，等了十几秒爆竹没有爆炸。彭东犹豫了一下，就跑过去捡起来看。无巧不成书，他刚捡起爆竹，爆竹就在他手中爆炸了。彭东顿时被震倒在地，他看见自己的右手食指和大拇指都被炸掉了，鲜血正从断指端往外冒。彭东吓得大声哭喊，本能地用左手捂住伤口。旁边的小朋友也吓得急忙跑回家。

彭东的父母人在屋里却时刻惦念着屋外，他们不时轮流跑到阳台上打开窗户，观察小区院子里的动静。所以，彭东的哭声他们很快就听到了，立刻以最快的速度从家里跑了出来。看见儿子彭东血淋淋的双手，母亲吓得当场腿就软了，爸爸冲上前抱起儿子彭东，查看了他的伤势以后，一边抱着他往家跑，一边对妻子说："我去打120叫救护车，你快找到儿子的断指。"

闻讯赶来的邻居们也帮着他们四处寻找，很快就找到了彭东被炸飞的一截食指。这时候，120急救车也赶到小区，包扎后医生拿着找到的断指，让爸爸陪同彭东迅速赶往医院，留下彭东的妈妈继续寻找断掉的一截拇指。

● 好心帮忙添慌乱　拯救伤者做牺牲

虽然天寒地冻，但是热心的邻居们仍然在爆炸现场帮助彭东妈妈寻找彭东被炸掉的拇指。一会儿，爸爸的电话打过来了，他告诉妻子，彭东已经推进手术室了。医生说现在是冬天，断指只要能找到，就有望再植成功，要求她继续寻找那截拇指。妻子听后，急得马上又打电话叫亲友来帮忙寻找。

这时候，邻居吴大爷遛狗路过这里，听说这件事以后，马上牵着狗加入了寻找大军。大家商定由爆炸的中心点向四周搜寻，吴大爷也牵着狗向外搜寻。只见那只狗在前面边走边闻，走着走着，它突然停住了，头伸进灌木丛里闻来嗅去。吴大爷牵着链子让它走，它仍然不走。吴大爷好奇地上前查看，赫然发现灌木丛中有一小截断指。

吴大爷急忙对大家喊道："找到了，在这里。"人们一听马上围了过来。彭东的妈妈跑在最前面，她焦急地问："在哪里？在哪里？"吴大爷指着发现断指的地方说："就在这里。"彭东的妈妈弯下腰一看，没有。吴大爷定睛一看，地上的断指果然不见了。他急忙分辩说："不对啊，我刚才清清楚楚地看到手指头了，怎么不见了呢？"自己没有眼花啊，更不会看错。他正在疑惑间，看见狗正摇头摆尾地围着自己。他心里突然一惊，难道是自己喊人时狗把地上的断指吃了。这个念头一浮现，他马上感到一阵心虚。

这时候，旁观的邻居中也有人说，指头是不是被狗吃了？吴大爷本能地想否认，但是他有些心虚，不敢说出来。彭东妈妈听了脸色立即变得刷白，一时不知所措。有人马上提醒她，快给孩子他爸打电话，问问医生该怎么办？电话很快接通了，彭东的爸爸听后急忙找到医生问，手指头被狗吃了怎么办？医生说，小孩的手指头小，狗可能会整个吞下去，快带狗到医院来。如果耽误时间长了，断指可能被狗的胃液消化变性，那时候再植就难以成活了。妻子听完马上恳求吴大爷带狗去医院，吴大爷知道救人要紧，二话没说抱着狗立即跟她坐车去了医院。剩下的人在狗吃断指的消息没有得到证实之前，仍然在院子里继续寻找。

车子开得很快，一会儿就到了医院。医生已经等在大门口，他让吴大爷抱着狗马上去手术室。吴大爷意识到进了手术室以后，自己的爱犬肯定会被处死，一想到与自己相伴几年的宠物马上就要离开自己，他心里突然十分不舍。

吴大爷问医生能不能先想个办法看看狗肚子里有没有手指头？医生摇摇头说："没有时间了"。彭东的爸妈恳求他："吴大爷，救孩子要紧，我们以后赔你钱。"吴大爷通情达理，就没有再说什么。医生很快在狗的胃溶物里找到了那截断指，经过检查发现肌肉没有坏死，还可以进行再植，立即紧急清洗，精心消毒，灌冲毛细血管。两位医生医术精益求精、配合默契，进行了5个小时的手术后，医生从手术室里出来宣布，断指再植手术成功，彭东的手保住了。接下来，还要观察术后的恢复情况。

第二天上午，医生过来查房，检查了彭东的手指以后，确定血管已经接通，交代护士注意保暖，密切观察血液运行。医生走了以后，彭东担心地问妈妈："我的手指头还会像以前一样吗？"听了儿子的问话，妈妈的眼泪立即流了下来。她安慰彭东说："医生已经把你的手指头接上了，一定会好的！"彭东苍白的脸上露出了一丝笑容，昨天看到自己断开的手指和血肉模糊的手掌时，他还以为自己的手保不住了。担心以后手残废了，没法继续读书。

经过几个月的住院治疗和康复，彭东断指的功能大部分恢复，但是手指留下了永远的疤痕，心灵上更是留下了深深的创伤。

彭东受伤以后，他的父母认为，应当有人对儿子的受伤承担责任。于是，他们一边积极给彭东治疗，一边找到小区的物业公司了解当天燃放鞭炮的人。物业公司的保安告诉他们，这是老于家燃放的鞭炮，由于当天他家要放的烟花爆竹比较多，是小区保安帮助他搬运到燃放地点。

彭东的爸爸听了以后就找到了于先生，告诉他："我儿子被你家爆竹炸伤了。"于先生吃惊地说："不会吧，我放烟花爆竹的时候身边除了我家人，没发现有外人啊。"彭东的爸爸给他详细地介绍了彭东受伤的经过。于先生听了以后，对彭东受伤的遭遇表示同情，但是，他不相信是自己燃放时没有爆炸的爆竹在第二天伤及了彭东。他解释说，当天放完烟花爆竹以后他还检查了现场，确认全部燃放了以后，他们才回到家中。

彭东的爸爸无奈只好向警方报案，称有人违规燃放威力巨大的爆竹，造成自己儿子重伤。警方接警后进行了调查，通过调取小区的监控录像确认于先生大年三十晚上在事发地燃放烟花爆竹，第二天彭东在同一区域捡到没有爆炸的爆竹燃放时受伤。于先生在警方出示的证据面前承认了有关事实。

根据爆竹两次燃放都不成功的情况，警方判断于先生购买的爆竹存在产品质量问题，就会同安监部门前往于先生购买烟花爆竹的地方检查。发现这家商店没有办理烟花爆竹零售许可证，也不能出示进货证明，涉嫌违法经营。他们立即对该店存放的烟花爆竹进行了收缴，查获当地禁止销售、燃放的火箭、蹿天猴、双响炮、礼花弹等烟花爆竹多个品种。

警方调查结束后通知彭东的爸爸，公安机关已对违规燃放、销售的于先生和商店进行行政处罚。彭东所受伤害的民事赔偿，在彭东治愈并经过伤残鉴定后，通过民事诉讼的途径解决。

因此，彭东出院以后，彭东的爸爸作为他的法定代理人将于先生和商店一并告上法院，要求他们共同赔偿因为侵权给彭东造成的人身损害。同时，他申请法院委托司法鉴定部门对彭东进行伤残等级鉴定。法院在征求了诉讼各方的意见以后，委托司法鉴定部门对彭东的伤残等级进行了鉴定。司法鉴定部门调取了彭东的医疗档案，对他受伤的右手进行了功能检查。结论是彭东的右手拇指和食指关节功能不全，丧失功能20%以上，已经构成九级伤残。

在确定了彭东的伤残程度以后,彭东的爸爸据此调整了诉讼请求,要求二被告连带赔偿彭东的医疗费、护理费、交通费、住宿费、住院伙食补助费、必要的营养费、残疾赔偿金、康复费及精神损害赔偿等共计30余万元。法官将原告调整诉讼请求的补充诉状发给二被告,安排了开庭日期。

● 雪上加霜遭索赔　法律衡平维公正

就在彭东的家人等待法院开庭以讨回公道的时候,吴大爷的儿子吴坎找上门来。彭东的爸爸以为他是为被杀的狗来要赔偿,就客气地请他进屋入座,并对他说:"彭东的案件马上就要开庭了,等到彭东的赔偿款要回来了,一定会补偿吴大爷宠物的损失。"

吴坎摇摇头说:"我今天来不全是为了狗被杀的事情,主要是为了我爸爸。"彭东的爸爸吃了一惊,急忙问他:"吴大爷怎么啦?"吴坎告诉他,那只狗是他花3000元买回来的,吴大爷已经养了5年。狗非常通人性,吴大爷对它感情很深。那天,吴大爷亲眼看见为了救彭东,他的宠物狗被活活杀死。回家后,吴大爷就一直闷闷不乐,认为是自己害死了狗。吴大爷对吴坎说,现在每天晚上一闭眼,狗被杀前的幽怨眼神就浮现在他脑海中,早上一睁眼就想起那血淋淋的场面。结果,吴大爷的心脏病犯了,现在住进了医院。

彭东的爸爸听出吴坎的意思是想让他承担吴大爷的医疗费,就解释说:"吴大爷是好心帮忙,我们全家都很感谢。那只狗被杀也是迫不得已,因为它吃了彭东的手指头。吴大爷住院我们很同情,但是赔偿我们没有义务。"吴坎听后不高兴了,他说:"赔不赔不是你说了算的,我爸爸是因为救你儿子才得的病,站在人道主义的立场上你们也应当去看望一下吧。"彭东的爸爸点点头,连声说:"我们一定去看望他老人家。"吴坎听后这才悻悻地告辞。

吴坎走后,彭东的爸妈商量怎么办。他们虽然觉得吴坎态度不太礼貌,但是吴大爷当时确实是好心好意帮他们忙。无论怎么讲,应当去医院看望一下。

第二天，他们买了奶粉、水果等礼物，又包了500元的红包，来到医院看望吴大爷。吴大爷听说彭东的手指功能恢复得不错，非常高兴，心想这也值了。吴大爷对于他们到医院看望自己表示感谢。奶粉、水果等他收下了，但是红包他没有要。他说："我已经退休了，有退休工资，还享受国家的公费医疗，不需要钱。你们还年轻，彭东又受了伤，以后用钱的地方多，你们拿回去吧。"

彭东的爸爸不好意思地说："现在彭东也在打官司，这点钱不多，您先拿着，等官司结束以后我再补偿您老人家。"吴大爷坚决拒绝："你们有这个心意就行了，钱我真不要。"

从医院出来，彭东的父母感到奇怪，吴大爷和吴坎这爷俩态度怎么不一样呢？彭东的爸爸分析，吴坎到咱家肯定不是吴大爷的意思，但是不管怎样，等到彭东的赔偿款拿到以后，还是要赔偿吴大爷的。彭东的妈妈听了以后表示同意。

不久，法院开庭审理了彭东人身损害赔偿案，原告指出，被告于先生违规购买本市禁止销售的大型烟花爆竹，又在居民小区燃放，对于公共安全造成了隐患；燃放后没有检查是否还有未爆炸的爆竹，致使原告捡到并受伤，使安全隐患变成伤害现实，于先生对此有过错，应当承担侵权损害赔偿的民事责任。被告商店明明知道自己没有烟花爆竹的零售许可，为了获取暴利违法销售来路不明产品，对于造成原告的人身损害同样负有责任，应当与第一被告于先生连带承担民事赔偿责任。

被告于先生否认自己有过错，他辩解说，春节燃放烟花爆竹是中华民族几千年的习俗，自己看到被告商店公开销售烟花爆竹，作为普通的消费者没有必要了解其销售烟花爆竹是否违法。本市燃放规定他以前也不知道，并且自己燃放烟花爆竹时原告并不在场，在法律上无义务关注他的人身安全。原告之所以受伤，是因为其监护人没有履行好监护职责，对原告安全教育不足，从而导致原告随意捡拾燃放爆竹受伤。他对原告的伤残鉴定结论也有意见，认为原告的断指曾经被狗吞食，现在部分功能丧失不全是爆竹致伤的结果。

被告商店表示，自己已经承担违法经营的法律责任，对于原告的受伤不应当承担赔偿责任，因为不是自己的行为导致原告受伤，而是第一被告的燃放行为和原告的疏忽及监护人失职共同导致原告受伤的。所以，责任应当在他们之间分担，自己没有赔偿义务。

根据诉讼各方的意见，本案的法律焦点，就是二被告是否应对原告的人身损害承担赔偿责任？

● 法点释义：人身损害赔偿 >>>

人身损害赔偿，是指自然人身体和精神受到不法侵害，造成伤残、死亡及精神损害，赔偿义务人进行经济赔偿的侵权法律制度。人身损害有多种类型，通常为一般和特殊侵权人身损害、产品损害和事故损害、环境污染损害和作业损害、物体损害和宠物损害等。

人身损害赔偿原则有过错责任原则、过错推定原则、无过错责任原则和公平责任原则。

过错责任原则，是指以行为人是否有过错来判断是否赔偿的原则。过错推定原则，是指按照法律规定推定行为人主观上有过错并担责的归责原则。无过错责任原则，是指按照法律规定，只要与损害具有因果关系就要担责的原则。公平责任原则，是指行为人没有过错，但基于社会公平观念由双方当事人公平地分担损失的归责原则。根据上述法律原则，本案事实只要具备其一的情形，行为人就应当承担赔偿责任。

烟花爆竹作为易燃易爆危险品，我国《烟花爆竹安全管理条例》第十六条第二款规定："从事烟花爆竹批发的企业和零售经营者的经营布点，应当经安全生产监督管理部门审批。"第二十八条规定："燃放烟花爆竹，应当遵守有关法律、法规和规章的规定。县级以上地方人民政府可以根据本行政区域的实际情况，确定限制或者禁止燃放烟花爆竹的时间、地点和种类。"本案所在地政府对于节日期间燃放烟花爆竹的规定，各大媒体均有报道，居民小区也进行了张贴，于先生辩解不知道规定的理由不能成立。他燃放鞭炮的地点是在居民小区里面，地点的特殊性决定其在燃放烟花爆竹前后必须要做好防护措施，注意公共安全，而正是由于他没有充分注意才伤害到他人，他是有过错的，所以要承担责任。

被告商店没有销售许可证还公开销售来路不明的烟花爆竹，不但违规经营，还造成了人身损害，既要接受行政处罚，又要对自己违规销售产品造成的事故承担法律责任。所以，二被告关于他们自己没有责任的辩解是不能成立的。

● 法律链接：人身损害赔偿范围 >>>

案发时法律规定：《中华人民共和国侵权责任法》

第十六条 侵害他人造成人身损害的，应当赔偿医疗费、护理费、交通费等为治疗和康复支出的合理费用，以及因误工减少的收入。造成残疾的，还应当赔偿残疾生活辅助具费和残疾赔偿金。造成死亡的，还应当赔偿丧葬费和死亡赔偿金。

第二十条 侵害他人人身权益造成财产损失的，按照被侵权人因此受到的损失赔偿；被侵权人的损失难以确定，侵权人因此获得利益的，按照其获得的利益赔偿；侵权人因此获得的利益难以确定，被侵权人和侵权人就赔偿数额协商不一致，向人民法院提起诉讼的，由人民法院根据实际情况确定赔偿数额。

第二十二条 侵害他人人身权益，造成他人严重精神损害的，被侵权人可以请求精神损害赔偿。

民法典新规定：《中华人民共和国民法典》

2021年1月1日起施行的民法典，第七编"侵权责任"规定了人身损害赔偿责任。

第一千一百六十七条 侵权行为危及他人人身、财产安全的，被侵权人有权请求侵权人承担停止侵害、排除妨碍、消除危险等侵权责任。

第一千一百七十九条 侵害他人造成人身损害的，应当赔偿医疗费、护理费、交通费、营养费、住院伙食补助费等为治疗和康复支出的合理费用，以及因误工减少的收入。造成残疾的，还应当赔偿辅助器具费和残疾赔偿金；造成死亡的，还应当赔偿丧葬费和死亡赔偿金。

第一千一百八十三条 侵害自然人人身权益造成严重精神损害的，被侵权人有权请求精神损害赔偿。

因故意或者重大过失侵害自然人具有人身意义的特定物造成严重精神损害的，被侵权人有权请求精神损害赔偿。

法院审理本案后认为，燃放烟花爆竹属于高度危险行为，致人损害应承担侵权责任，被告于先生和商店在销售和燃放烟花爆竹的过程中都有过错，应当承担人身损害赔偿责任。而原告作为限制民事行为能力人，对于燃放爆竹行为的危险性应当有一定的认知，监护人在节日期间也应当加强监护，但是，他们共同因为疏忽而没有注意避免，故对原告受伤亦有一定的过错。

最后，法院判决被告于先生和商店连带赔偿原告医疗费、残疾赔偿金、精神损害赔偿等的80%，共计20余万元。一审判决下达后，被告于先生和商店均不服，向当地中级人民法院提起上诉。中级人民法院在审理后认为，原判对当事人双方的过错均予以了考虑，责任比例亦属法律规定的自由裁量范围，故驳回上诉，维持原判。

欢欢喜喜过大年，是我们中华民族的传统习俗。燃放烟花爆竹，可以让绚丽的礼花点亮美丽的夜空，让响亮的爆竹迎来希望的明天，这本该是十分美好的事情。但是一旦不慎发生事故，无疑会害人误己，破坏了喜庆的气氛。所以，切记：鞭炮虽喜庆，燃放须小心。

哭 泣 新 娘

◆ 关键词：法律责任竞合

2009年1月农历腊八节，张海军和叶红结婚了。在上百位嘉宾的祝福声中，他们举行了隆重的婚礼，婚庆公司对婚礼全过程进行了录像。所有参加他们婚礼的嘉宾都赞美说，张海军和叶红是世界上最帅、最美丽的一对新人。看着身穿圣洁婚纱的叶红，张海军深深为自己能娶到这么一个天使般的女人而庆幸。只是他万万没有想到，蜜月还没有过完，他的新婚生活就变成了噩梦。

● 春节新婚喜上喜　蜜月新娘突失常

张海军身材高大，相貌堂堂，在工作中认识了叶红。叶红长得娇小可人，柔弱羞怯，张海军看到她就立刻产生了保护她的欲望。张海军开始追求叶红，叶红当时有男朋友，她谢绝了张海军的爱意。张海军个性执着，他认为自己就是叶红的护花使者，对她展开了锲而不舍的追求。叶红的男朋友看不下去，和张海军打了一架。张海军仍然没有退缩，叶红觉得男友太野蛮粗暴，一气之下与男友断交，成了张海军的恋人。

张海军的父母对于儿子苦苦追求的叶红并不太满意，但是看到张海军执意要娶叶红，他们也只好接受了这一现实。于是，老两口为这对新人操办了婚礼。

腊月二十六晚上，张海军在外面应酬完，踩着积雪兴冲冲地回到家中。一进门，他发现房间里电视机开着，屏幕上都是雪花点，而妻子叶红却蒙着被子躺在床上。张海军以为叶红身体不舒服了，就把电视机关上，然后上前掀开被子关心地问:"叶红,你怎么啦?"

只见叶红头发散乱、双眼无神、神情呆滞,身体在瑟瑟发抖,她对张海军的问话毫无反应。张海军用手摸摸她的额头,发现她并没有发烧。

这时,叶红看着张海军的脸,立刻惊恐地大叫:"有魔鬼!有魔鬼!"急忙拉着被子盖在自己身上。张海军看到叶红这种样子,急得六神无主,马上给自己父母打电话。

张海军的父母很快赶来,看到儿媳叶红的样子,他们也不知如何是好,急忙把在小区外面开私营诊所的江医生请到家中。江医生查看了叶红的状况以后来到客厅。张海军一家人围着他急切地问:"江医生,她得的是什么病?"江医生看看他家墙壁上贴的大红喜字,犹豫了一下,然后说:"我现在还不能十分肯定,但是患者的表现像是精神病。到底是不是精神病,恐怕你们还要带她到精神卫生中心确诊一下。"

什么?叶红是精神病患者!张海军和家人听了以后都惊呆了。送走了江医生以后,张海军的父亲着急地说:"那就快点送她去精神病医院吧。"张海军的母亲断然拒绝:"不行,新媳妇刚过门,就去精神病医院看病,邻居们知道了会怎么想?"张海军急得直跺脚,那现在怎么办?张海军的妈妈说:"快过年了,去精神病院看病不吉利。"她看着张海军问道:"你们过去在一起的时候,发现她精神有过不正常的情况吗?"

张海军肯定地说没有,两个人刚认识的时候,他只是感觉叶红气质柔弱,身材娇小,需要男人的呵护。后来交往中,发现叶红的胆子特别小,最怕稀奇古怪的东西,电视里出现蛇、狼、鳄鱼等相貌丑陋的动物,她都会被吓到并立刻换台。

母亲听了以后说:"叶红身子骨太单薄了。也许是刚结婚加上过年,家里家外把她累坏了,先在家休息几天,观察一下再说吧。"

●亲家翻脸互指责　两场诉讼觅真相

张海军把父母送走以后,看见婚庆公司拍的婚礼录像光盘已经拿回了家，外包装上是他们穿结婚礼服的照片。他发现光盘还在影碟机里，估计叶红是在看光盘时发的病。现在叶红得病了，张海军也没有心思看婚礼录像拍得怎么样。

他在家精心照顾叶红好几天，发现叶红也不与人交流，时而表情呆滞，神态茫然，时而表情紧张恐怖，有时还自言自语。张海军仔细一听，听出叶红是在叫她前男友的名字。叶红为什么突然变成这样，难道和她的前男友有关吗？

张海军的父母思想比较传统，迷信风水命理，一直希望儿子能找个有旺夫相的儿媳妇。当他们第一次见到叶红时，发现她身材单薄、弱不禁风、面色苍白，觉得她的相貌别说旺夫，恐怕能不能生孩子都成问题。因此，他们并不赞成儿子和叶红交往。但是，儿大不由娘。张海军对叶红紧追不舍，甚至被打也不放弃。张家父母无奈只好同意，成就了儿子的姻缘。现在蜜月还没有过完，叶红就精神失常了，让本来就不喜欢叶红的公婆心生疑惑。他们认为叶红肯定早就患有精神病，亲家故意向他们家隐瞒了病情。

大年三十晚上，张家人讨论起叶红的事情怎么办？父母就把自己怀疑叶红早就是精神病人的想法说了。张海军疑惑地对父母说："不会吧，我听见她还叫她前男友的名字呢。"父母一听更不愿意了，都嫁给你了还想着她的前男友，是不是与前男友还藕断丝连啊？因为相思犯了病。张海军一听父母分析得有道理，他心中不禁对叶红产生了怨恨心理。张家人越议论越生气，叶家为达到骗婚目的，故意隐瞒她有精神病，这不是故意欺负咱家吗？也坑了你张海军一辈子，她家这样做太缺德了。你把叶红送回去，咱家不是医院。面对怨气冲天的父母，张海军心理失衡，决定将叶红送回娘家，看看她娘家是什么态度。

大年初二，叶红被张家以有精神病为由送了回来。叶红父母看到出嫁前自己当成掌上明珠的女儿，竟然变得憔悴不堪、神情恍惚，他们感到非常伤心。最令他们气愤和屈辱的是，乖巧的女儿竟然被张家说成是想情人犯了精神病，他们家是骗婚！老两口觉得张家人血口喷人，他们实在咽不下这口恶气。叶红的父亲当场要打张海军，被众人拦了下来。大家纷纷劝他，当务之急是给女儿看病。

叶红的父母将她送到医院，医院诊断结论是：叶红患有急性应激性精神障碍，要给予相应的抗精神病药物治疗及护理，治疗及时，预后良好。家属要配合治疗，寻找得病原因，给患者以温暖和关怀。这个诊断结论证明叶红确实得了精神病，她父母不能理解，自己家族中没有遗传精神病史，女儿平时除了胆小以外并无异样，怎么会得精神病呢？医生告诉他们，这种病是由强烈心理创伤性事件直接引起的精神病性障碍，病前应该有明确的精神创伤或应激性生活事件。所以，医生推断叶红发病前肯定是经受了巨大的精神刺激。

叶红嫁到张家前好好的，嫁过去以后变成了精神病，这种巨大的精神刺激肯定是张家人造成的！医生讲的病因让叶红的父母坚信女儿受到了张家人的虐待。幸福的婚姻竟然给女儿带来了灾难和痛苦，他们发誓一定要为可怜的女儿讨个说法。于是，他们向派出所报了案。

警方接警后传唤了张海军。张海军满腹委屈，坚决否认对叶红有任何不法行为，加上叶家也没有提供什么证据，警方建议叶家先给叶红看病，等她病情好转以后再调查事实真相。而叶红的父母一致认为，即使女儿治好了病，也不能再让女儿往张家这个火坑里跳了。惯于当家作主的父母没有征求叶红的意见，就以叶红的名义一纸诉状把张海军告上法庭，请求解除他们双方的婚姻关系，判令张海军对虐待叶红的行为进行侵权损害赔偿。

张海军接到叶红的离婚诉状以后，全家人都为叶家颠倒黑白、混淆是非愤怒不已。张海军明明是受害人，在叶家的状纸下竟然变成了加害人。

张海军决定找叶红的前男友落实他们的婚外情，他拿着录音笔见到叶红的前男友以后，偷偷按下录音键，然后问他和叶红是否还有来往？叶红的前男友不屑一顾地说："这跟你没有关系。你既然能从我的手中把叶红抢走，我和她有没有来往你也无权干涉。"张海军一听几乎验证了自己的猜想，他气愤地说："怎么没有关系！我们现在已经结婚了。"

"结婚算什么？结婚还可以离婚嘛。"叶红的前男友故意气他。张海军说："叶红现在得精神病了，都是你破坏了我的家庭，我要告你。"叶红的前男友一听笑了："随你便！这才是善有善报，恶有恶报，不是不报，时候未到。"说完，他扭头扬长而去。

张海军回到家以后，越听录音越生气，他没有想到已经和自己结婚的妻子仍然与前男友有联系。他也觉得自己咽不下这口气，于是就针锋相对地提出反诉，请求法院宣告自己和叶红的婚姻无效，理由是叶红婚前隐瞒了患有精神病的事实，并且对爱情不忠。

● 法点释义：无效婚姻 >>>

无效婚姻，是指欠缺婚姻成立的法定条件而不发生法律效力的违法婚姻。本案发生时有效的婚姻法第十条规定："有下列情形之一的，婚姻无效：（一）重婚的；（二）有禁止结婚的亲属关系的；（三）婚前患有医学上认为不应当结婚的疾病，婚后尚未治愈的；（四）未到法定婚龄的。"2021年1月1日起施行的民法典将结婚的权利交给当事人，第一千零五十三条规定："一方患有重大疾病的，应当在结婚登记前如实告知另一方；不如实告知的，另一方可以向人民法院请求撤销婚姻。请求撤销婚姻的，应当自知道或者应当知道撤销事由之日起一年内提出。"也就是说，疾病不再作为禁止结婚条件，属于可撤销婚姻，而非无效婚姻。

鉴于案情比较复杂，法院决定组成合议庭进行审理，并且通知他们双方提交证据。法院开庭审理时，对于叶红的本诉和张海军的反诉一并进行了审理，叶红因为有病没有到庭，委托代理人参加诉讼。合议庭成员在听取了双方意见以后，组织双方举证质证辩论。

休庭以后，主审法官分别对他们双方进行了调解。法官对张海军说，目前有证据证明，叶红以前没有精神病史，现在得的也不是严重的精神病，经过治疗以后只要不再受到刺激就不会发病，这种病不属于婚姻法规定的"婚前患有医学上认为不应当结婚的疾病，婚后尚未治愈的不应当结婚的疾病"。而且，你说叶红有外遇也没有证据，仅凭她念叨前男友的名字不能证明他们还有来往，你的录音除了证明你和叶红的前男友有矛盾，证明不了叶红有外遇。你们是自由恋爱结婚，患难见真情，她刚得病你就反诉要求宣告婚姻无效，从法律上和情理上都说不过去。所以，我们希望你撤诉，回去查找一下叶红得病的原因，等她治好病以后，你们再好好谈谈相互之间存在的问题，打官司不能解决所有的问题。

张海军回到家以后，独坐在房间里回想着这段时间发生在自己身上的事情。新婚燕尔本应是夫妻恩爱的时候，没有想到自己的婚姻竟然是悲喜交加，甚至可以说是翻天覆地，他心里有说不尽的委屈和烦恼。得病前的叶红是那么温柔可爱，现在竟然变成了精神病人！这时他的目光落在婚礼光盘上，里面记载着他们人生中最温馨浪漫的时刻，而这一切即将成为过眼云烟。感伤之余，他将光盘放进影碟机里观看起来。在配乐的画面中，他们身穿结婚礼服，心心相印，共同宣誓，点蜡烛切蛋糕，向来宾敬烟酒，一切都显得那么美满和幸福，张海军看得眼眶湿润。突然一个黑白画面出现，伴随着凄婉的哀乐声和哭叫声，一个罩着黑纱的老年人黑白照片浮现在画面中。原本喜庆的婚宴场面竟然变成了凄惨的葬礼景象！这个影像整整持续了两分钟之久！不要说胆小的叶红，就连张海军冷不防看到这一幕都吓得打了个寒战。他不敢相信自己所见到的一切，叫上父母一起将光盘重新播放一遍。这下子，张家人终于明白了好端端的叶红为什么会忽然精神失常了。原来，她在看婚礼录像时被突然出现的葬礼画面惊吓，得了应激性精神障碍。

● 赔礼道歉又团圆　诉讼维权讨公道

第二天，张海军和父母一起满怀歉疚来到了叶红家。叶红的父母因为女儿受虐待得病的事，气得咬牙切齿七窍冒烟，不料张海军这时候自己送上门来。看到张海军他们就气不打一处来，还没有等他们骂这个负心汉，只见张海军"扑通"一声跪在地上，一边扇自己的耳光一边忏悔道："爸妈，我错怪你们了，我知道叶红是怎么得病的了。"话没说完，他已泣不成声。

叶红的父母毫不知情，根本不谅解他："你不用虚情假意硬装了，把我们女儿打病了，现在想赔礼道歉就让我们放过你，休想！"说着，老两口就要上前打他。张海军的父母急忙拉住亲家，不好意思地说："亲家，海军真没有打叶红，叶红是被婚礼录像气病的。"叶红父母听了一愣，婚礼录像怎么会把女儿气出病来？他们正在惊异间，张海军从兜里掏出一张光盘说："我放给你们看就明白了。"

事件真相水落石出，张、叶两家的恩怨平息了，他们分别到法院撤诉。张海军把叶红接回家中悉心照看，体贴关怀。叶红的病情很快好转，恢复了健康。张海军对经历过磨难的婚姻更加珍惜，决心一辈子不让叶红再受到任何刺激。

张海军的婚姻磨难始作俑者是婚庆公司，正是因为他们不负责任的行为让原本美满的婚姻险些破裂。张海军和叶红都认为婚庆公司应当为此承担责任，他们向婚庆公司提出了退回婚庆合同价款和赔偿损失的要求。

婚庆公司认为这只是一个技术误差，红白喜事在生活中很常见，没有什么大不了的。他们已经付出了劳动，且婚庆合同已履行完毕。对于工作上的疏忽，他们愿意赔礼道歉，但不同意退款和赔偿。

面对无理狡辩的婚庆公司，张海军和叶红以婚庆公司的行为构成违约为由向法院提起诉讼，要求婚庆公司承担违约责任，退还婚庆合同价款，赔偿叶红看病产生的经济损失，同时，赔偿精神损害费10万元。

原告张海军和叶红指出，这张录影光盘的内容十分晦气，根本无法使用，而婚礼又不可能再举办一次，所以婚庆公司履行婚庆合同有过错，理应为他们的工作失误退还合同价款，赔偿原告治疗的相关费用。

同时，原告和其家人因为这段视频身心遭受巨大折磨，故婚庆公司还应当承担精神损害赔偿。

被告婚庆公司则辩称，本合同的履行以交付为条件，现光盘已经交付，意味着合同就已经履行完毕，公司不应当承担合同违约责任，更不应承担精神损害赔偿，因为在合同责任中没有精神损害赔偿项目。

原、被告的诉讼请求和答辩理由针锋相对，到底哪一方的请求会受到法律的保护呢？

在这个案例中存在以下法律关系：一是张海军、叶红夫妇与婚庆公司之间签订的婚庆合同关系；二是张海军、叶红夫妇与婚庆公司之间形成的侵权法律关系。这是一个违约责任和侵权责任竞合的典型案例，被告的过错是毋庸置疑的，关键在于原告选择什么样的案由起诉，以最大限度地保护自己的合法权益。

法律责任竞合：是指行为人的行为触犯了两个或两个以上法律的禁止性规定，行为人因此要受到两个或两个以上的法律管辖，并根据管辖法律的规定承担具体的法律责任，权利人可选择适用相关的法律维护自己的合法权益。

●法律链接：违约责任和侵权责任竞合 >>>

案发时法律规定：《中华人民共和国合同法》

第一百一十一条 质量不符合约定的，应当按照当事人的约定承担违约责任。对违约责任没有约定或者约定不明确，依照本法第六十一条的规定仍不能确定的，受损害方根据标的的性质以及损失的大小，可以合理选择要求对方承担修理、更换、重作、退货、减少价款或者报酬等违约责任。

第一百二十二条 因当事人一方的违约行为，侵害对方人身、财产权益的，受损害方有权选择依照本法要求其承担违约责任或者依照其他法律要求其承担侵权责任。

《中华人民共和国侵权责任法》

第十五条 承担侵权责任的方式主要有：

（一）停止侵害；

（二）排除妨碍；

（三）消除危险；

（四）返还财产；

（五）恢复原状；

（六）赔偿损失；

（七）赔礼道歉；

（八）消除影响、恢复名誉。

以上承担侵权责任的方式，可以单独适用，也可以合并适用。

第二十二条 侵害他人人身权益，造成他人严重精神损害的，被侵权人可以请求精神损害赔偿。

民法典新规定：《中华人民共和国民法典》

2021年1月1日起施行的民法典，为实现以人民为中心的思想，充分保护自然人的合法权益，对于法律责任竞合赋予了当事人选择权，同时规定，违约责任和侵权责任可并行不悖。

第一百八十六条 因当事人一方的违约行为，损害对方人身权益、财产权益的，受损害方有权选择请求其承担违约责任或者侵权责任。

第九百九十六条 因当事人一方的违约行为，损害对方人格权并造成严重精神损害，受损害方选择请求其承担违约责任的，不影响受损害方请求精神损害赔偿。

通过上述新旧法律规定可见，我国立法承认违约责任与侵权责任的竞合，并赋予当事人选择诉讼案由的权利。

具体到本案，按照案发时法律规定，张海军、叶红夫妇可以选择提起合同违约之诉。婚庆公司虽然履行合同交付了光盘，但婚庆公司将葬礼视频错误剪辑进张海军、叶红夫妇的婚礼视频中，显然视频质量不合格。这种履行属于加害履行，致使合同相对方利益受到损害。婚庆公司以"已经履约"为由拒绝赔偿显然是站不住脚的，张海军、叶红夫妇有权要求该公司承担违约责任，但是精神损害赔偿请求，不能在合同诉讼中提出。同时，张海军、叶红夫妇也可以提起侵权赔偿之诉。由于婚礼录像光盘是具有人格象征的特定纪念品，婚庆公司错误处理婚礼视频，给他们夫妇造成了无法弥补的遗憾，这一行为已经造成了张海军、叶红夫妇人身权的侵害。张海军、叶红夫妇可以向法院起诉要求婚庆公司赔偿物质损失和精神损失。当出现法律责任竞合的情况时，选择什么样的案由起诉，将会导致不同的法律后果，影响对受害人利益的保护范围和对不法行为人的制裁程度。

2021年1月1日起施行的民法典，充分保护了受害人的合法权益，明确在人格权损害案件中，当事人主张合同违约责任与精神损害赔偿并行不悖。

当时，法院经过审理认为，本案违约责任与侵权责任竞合，原告主张违约之诉是原告的权利，根据法庭查明的案件事实，认定婚庆公司的行为已经构成合同违约，判决被告承担退还合同相应价款和赔偿原告治疗费用的法律责任。同时，法院驳回了原告主张精神损害赔偿10万元的诉讼请求。法院判决后，原告张海军、叶红及被告婚庆公司都没有上诉。判决书生效后，婚庆公司自动履行了法律义务。

本案是婚庆公司过错引起的纠纷，但它折射出许多人生哲理。婚姻不仅是夫妻两个人的结合，还是双方身后两个家庭的融合。在发生任何问题时，夫妻以及双方家庭应当对对方多一些信任、宽容和关爱，这样家庭才能稳固，关系才能和睦。在婚姻关系中，夫妻矛盾从来没有真正的赢家。

计谋家庭

◈ 关键词：借贷关系

2009年除夕夜，大街小巷张灯结彩，商场饭店灯火通明，人们喜气洋洋地迎接春节。

一家饭店里面，吃年夜饭的客人座无虚席。突然，一个房间中传出吵闹声，大堂经理以为客人喝多了，急忙来到包间。只见两个中年男人面红耳赤，正面对面站着互相指责，他们身旁两个女人也在互相争吵。只有首席端坐着两位老人，他们焦虑无助地想阻止争吵，但是又无能为力。这一桌客人就是老秦一家人。他们为什么会在吃年夜饭时发生争吵呢？

● **赡养母亲起纠纷　兄弟反目闹除夕**

原来，老秦和老伴都已经退休了，他们有两个儿子：秦建国、秦建设，也都成家立业，分门另过。

以往，老秦家大年三十的午夜饭都是在家里吃，老秦和老伴会操办满满一桌子菜，一家老少乐呵呵地团圆在一起。但是，2008年夏天，老秦的老伴不幸得了中风，半边身子偏瘫，进出都需要老秦陪护搀扶。所以，2009年春节前，老秦和老伴就商量年夜饭的事。"你身体不好，我一个人也忙不过来，儿子和儿媳妇平时上班都很忙，咱们今年的年夜饭到饭店吃吧。"

老伴心疼钱，开始不同意，说咱家人太多，去饭店吃饭要花很多钱，不如让儿子和儿媳妇早点回家帮忙做饭。老秦掰着手指头给她算：

"老大的小子刚结婚,春节要出国度蜜月。老二的丫头大年三十要去婆家吃年夜饭。家里就是咱老两口加上两个儿子和媳妇,总共就6个人啊。你身体这样也干不动了,我又操办不好,不如去饭店吃省事。"老伴想想也是,就点头同意了。于是,老秦就到饭店预订了年夜饭,打电话通知了两个儿子。

过了元旦以后,老秦看老伴的身体恢复得很慢,估计短时间内不会好转,就想在吃年夜饭的时候把老伴的赡养问题提出来,让两个儿子尽尽孝心。老伴听了不同意,她说:"算了!咱们都有退休金,少花点钱也过得去。老大两口子太奸诈,你在吃饭的时候提出来,搞不好会闹矛盾。"老秦固执己见:"你生他们养他们,他们尽孝是应该的。"老伴犟不过老秦,只好交代他说话时要注意方式方法。老秦不以为然,都是一家人,不用那么讲究。

到了大年三十晚上,一家人都来到了饭店。酒过三巡,菜上过半,老秦就对两个儿子提出来:"你妈身体不好,看病吃药花钱太多,公费医疗不能全报。你们哥俩都尽尽孝心,是不是分摊点费用?"

二儿子秦建设听了以后,马上惊奇地问道:"爸,你们怎么现在就没钱了,这么多年也没有积蓄?"老秦看了大儿子秦建国一眼,还没有张嘴说话,秦建国就接上说:"爸、二弟,今天咱们都喝酒了,妈的事三言两语也说不清楚,回头我和建设商量以后再告诉你们。"老大媳妇也应声附和:"就是,大家都回去想想再说。"二儿子秦建设不满地瞥了嫂子一眼,没有说话。

老秦一看自己的提议两个儿子不予回应,心里就有点不高兴了。他看着大儿子秦建国说:"你妈的事以后说也行,这年夜饭的事现在说说吧。过去你们是回家吃年夜饭,现在你妈有病,我也干不了。是不是从你开始,以后你们哥俩每年轮流安排吃年夜饭。当然,如果你们不嫌麻烦,买东西回家做饭也行。今年的年夜饭,一会儿你把账结了行不行?"

大儿子秦建国听后看了妻子一眼,妻子脸上没有任何表情。秦建国沉吟片刻就对老秦说:"爸,这样吧,您不是说让我们尽孝吗,这年夜饭的钱干脆我和二弟分摊。"秦建国说完不等老秦表态，就转头问秦建设，"行不？二弟。"秦建设抬眼看着他说："大哥，你别太抠了。你是老大应当作表率，今年的年夜饭钱你付了吧，明年的我来。"

这时候，老大媳妇说："兄弟，我看你哥说得对，今年的年夜饭钱还是咱们两家分摊。如果以后定下每年咱们负责年夜饭，还涉及在家做还是在饭店安排，如果在饭店安排，还涉及在什么样的饭店安排，订什么样的标准，这个回去还得再商量，对吧？"秦建设听完不高兴了："大嫂，你当媳妇的，我们家的事你少掺和。"秦建国媳妇的脸立马拉了下来。秦建国一看媳妇受委屈就拍案而起，于是，兄弟二人争吵起来，两个妯娌也加入争吵中来，惊动了饭店的工作人员。

最后，还是老秦结了账，秦家人这顿年夜饭不欢而散。

● 父子为钱撕破脸　诉讼情伤成路人

老秦两口子回到家以后很生气，没有想到两个儿子竟然为了这么点小事在饭店里发生争吵，要不是饭店经理进来调解，他们甚至可能动手打起来。归根结底，是大儿子秦建国不好，没有起到当大哥的表率作用，老秦决定要找他让他还钱。

原来，在饭店吃年夜饭的时候，老秦一张嘴要求两个儿子尽孝，二儿子秦建设就问他们自己存的钱是不是花完了。当时，老秦没有回答，看了大儿子秦建国一眼。实际上，看这一眼是有原因的。老秦夫妻这么多年省吃俭用攒了30万元。2008年初，在老伴得病前，秦建国上门向爸妈借钱。他说自己的儿子，就是老秦的孙子找个对象准备结婚，但是没有婚房女方一直不答复什么时间举办婚礼。现在他们想给儿子买房子，但是手中的钱不够，希望父母能够借点钱支持一下。老秦问他要借多少钱，大儿子说多多益善。

老秦和老伴观念陈旧，对于长子长孙比较看重。现在大儿子为孙子张嘴借钱了，而他们老两口当时身体又好，平时又没有多少用钱的地方，就决定把手头的30万元借给他买房。于是，老秦就借给了大儿子秦建国 30 万元。秦建国说给儿子办完婚礼以后，会尽快把钱还给父母。结果到了下半年，老秦的老伴就得病了，为了给老伴冲喜，老秦叫秦建国安排孙子在 2009 年元旦结了婚。但是，老秦没有想到在吃年夜饭时，大儿子秦建国竟然与二儿子为了经济利益，撕破脸皮当众争吵，全然忘了他手中还拿着父母的 30 万元。

春节期间，老秦越想这件事越觉得这年过得郁闷。过完正月十五，他就给秦建国打电话，对他说："你妈要去看病，你先还 2 万元。"秦建国在电话里连声说好。过了几天，他回家拿出一个信封交给老秦说："这是我这个月的工资，让妈治病先用着。"老秦一查信封里面只有 3000 元，板起脸来说："不是让你还 2 万元吗？你怎么拿回来这么点钱？"秦建国说："妈看病一下子也用不了 2 万元啊，我儿子刚结婚花了一笔钱，又出国度蜜月，将来还要生孩子，用钱的地方还多，你们够花就行了。"老秦生气地说："你儿子出国去玩花几万元你都舍得，你妈有病让你还钱你说没有？"秦建国赔着笑脸说："爸，出国度蜜月是年轻人的时尚，你们现在还有退休金也不缺钱。那些钱就放我这儿保管吧，您二老将来的一切还不得我负责办理？"

秦建国走了以后，老秦两口子一合计，大儿子说的意思是不打算还钱了，这笔钱要给他们办理后事。一琢磨透大儿子话里的含义，老秦两口子气得半死，见过贪财的，没有见过这么贪财的，父母还健在就打算将财产据为己有。

于是，老秦第二天就打电话叫二儿子秦建设回来，把事情的前后经过跟他说了。秦建设听完就埋怨他们："大哥两口子见钱眼开，你们又不是不知道。一下子把老底都给人家了，你们现在抓瞎了吧。他的儿子是你们的后代，我的姑娘也是你们的后代啊。我姑娘结婚的时候你们怎么不借给我钱呢。"二儿子一埋怨，老秦两口子哑口无言。老秦辩解说："我们是一碗水端平的，这笔钱将来在你们哥俩之间是要平均分配的。"秦建设问："那你们现在打算怎么办？"老秦说，当然是把钱要回来。秦建设说："好，我去找人问问怎么办？"

几天以后，秦建设领个律师朋友回到了家中。律师听老秦讲了事情经过以后告诉他，你们家庭成员之间借款没有手续，如果打起官司对方说没有借，这件事法院也不好处理，最好是你们家庭成员之间自己协商解决。老秦生气地说，不和他协商，这次一定要给他点颜色看看。律师表示自己打这场官司没有把握，愿意给老秦代写诉讼文书。只要被告承认借钱，官司很简单，老秦自己去打就可以。老秦自信有他在场，大儿子秦建国不敢赖账。同时，他急于在二儿子秦建设面前表明他们老两口没有偏袒大儿子秦建国，所以执意要打官司，并且表示只要律师帮忙写好诉状，他可以自己去打官司。

于是，律师替老秦写了诉状，老秦和二儿子秦建设去法院办理了立案打官司的手续，交纳了诉讼费。很快，法院通知双方，老秦诉秦建国借款纠纷一案将适用简易程序进行审理。

● 法点释义：简易程序 >>>

简易程序，是民事诉讼法规定的一种审判程序。2007年修正的《中华人民共和国民事诉讼法》第一百四十二条规定："基层人民法院和它派出的法庭审理事实清楚、权利义务关系明确、争议不大的简单的民事案件，适用本章规定。"与普通程序相比，案件起诉受理、传唤送达的程序简便，审理实行独任制。人民法院适用简易程序审理案件，应当在立案之日起三个月内审结。

老秦本以为这件事简单，一通过法院处理，大儿子秦建国肯定会乖乖还钱。但是，他万万没有想到这场官司打起来，形势竟然对他十分不利。

● 诉讼无奈亲情疏　老秦用计解纠葛

2009年6月，法院开庭审理了老秦诉大儿子秦建国借款合同纠纷一案。老秦一大早就和二儿子秦建设来到了法院，谁知大儿子秦建国没有来，由他妻子代理他参加了诉讼。

在审判员主持下，原告老秦诉称，被告秦建国为了儿子结婚向自己借款30万元，现因妻子有病要求被告还钱，被告以种种借口推脱，故请求法院判令被告归还借款，支付借款利息并承担诉讼费。

被告秦建国的妻子辩称，在被告儿子结婚时原告确实给了30万元，但是，这30万元不是借款，而是原告将款项赠与自己的孙子，所以，不同意原告归还借款的请求。

老秦一听儿媳妇在法庭上信口雌黄，歪曲事实，立刻火冒三丈，站起来就要责骂儿媳妇。审判员马上制止他违反法庭纪律的行为，然后询问他给被告钱时被告是否出具借条。老秦不以为然地说："没有，这是自己的孩子借款，又不是外人。"审判员又问："原、被告双方是否约定了借款利息？"老秦说："没有，本来我不打算要利息。现在我找他还钱他不给，所以应当计算利息。"审判员问原告老秦的问题，被告代理人都进行了否定的回答，不承认是借款。审判员问他们是否同意调解？老秦坚决拒绝，要求法院依法判决，媳妇也表示希望法院判决，诉讼陷入了僵局。

本案的焦点是老秦主张的借款事实能否成立？大家知道，法官不是事件的当事人，对于诉讼双方主张的事实只能依据证据认定。所以，我国法律规定"谁主张，谁举证"。关于借款合同及纠纷处理，我国法律有明确的规定。

● 法律链接：借款合同 >>>

案发时法律规定：《中华人民共和国合同法》

第一百九十六条 借款合同是借款人向贷款人借款，到期返还借款并支付利息的合同。

第一百九十七条 借款合同采用书面形式，但自然人之间借款另有约定的除外。

借款合同的内容包括借款种类、币种、用途、数额、利率、期限和还款方式等条款。

最高人民法院《关于人民法院审理借贷案件的若干意见》

4. 人民法院审查借贷案件的起诉时，根据民事诉讼法第 108 条的规定，应要求原告提供书面借据；无书面借据的，应提供必要的事实根据。对于不具备上述条件的起诉，裁定不予受理。

民法典新规定：《中华人民共和国民法典》

2021 年 1 月 1 日起施行的民法典，将借款合同编入第三编：合同，明确借款合同应当采用书面形式，不得在本金中预先扣除利息，禁止放高利贷。

第六百六十七条 借款合同是借款人向贷款人借款，到期返还借款并支付利息的合同。

第六百六十八条 借款合同应当采用书面形式，但是自然人之间借款另有约定的除外。

借款合同的内容一般包括借款种类、币种、用途、数额、利率、期限和还款方式等条款。

第六百七十条 借款的利息不得预先在本金中扣除。利息预先在本金中扣除的，应当按照实际借款数额返还借款并计算利息。

第六百八十条 禁止高利放贷，借款的利率不得违反国家有关规定。

借款合同对支付利息没有约定的，视为没有利息。

借款合同对支付利息约定不明确，当事人不能达成补充协议的，按照当地或者当事人的交易方式、交易习惯、市场利率等因素确定利息；自然人之间借款的，视为没有利息。

由此可见，按照当时法律规定，老秦要想打赢这场官司，要回借款本金和利息，除了他本人的当庭陈述以外，还要被告承认借款的事实，或者老秦有证据证明借款事实的存在。由于现金属于动产，所有权的转移是以占有为标志。所以，一旦被告否认是借款，法院就难以认定。毕竟发生在亲属之间的纠纷，里面可能掺杂着复杂的感情因素。所以，本案在秦建国否认的情况下，老秦的诉讼请求证据不足。

由于原告老秦和被告秦建国都不同意调解，审判员就宣布休庭。过了几天，法官约见了老秦，告诉老秦目前看他的诉讼请求证据不足，如果坚持诉讼下去，结果对他很不利。希望老秦能够撤诉，家庭矛盾在家里解决。

老秦听了法官的话以后，又和二儿子秦建设去律师事务所进行咨询，律师认为法官说的符合法律规定。于是，老秦只好同意撤诉，这场官司不了了之。

官司撤诉后，二儿子秦建设咽不下这口气，觉得大哥两口子太贪婪。一天酒后，他去了哥哥秦建国家，怒气冲冲地问他："你借父母的钱为什么赖账？"秦建国说："这件事跟你没有关系。"秦建设说："怎么没有关系，这钱是父母的财产，以后继承也有我的一份。"秦建国讽刺地说："你天天喝酒，能等到那一天吗？"秦建设一听火冒三丈，当场就和秦建国打了起来。由于他已经喝过酒了行动失调，打不过秦建国，鼻子被打流血了，还被秦建国推出了家门。

秦建设气冲冲地回到家中，从厨房里拿出一把菜刀，对媳妇说要和秦建国拼命。说完，赶往秦建国家，媳妇拉也拉不住。秦建设到了秦建国家时，他踢门不开，于是就用菜刀在外面砍门。这时候，被惊动的左右邻居纷纷赶来劝架，秦建国的媳妇拨打110报警电话，也给老秦打电话说老二耍酒疯要砍秦建国。

不一会儿，警方和老秦都赶到现场，秦建国也开了门。民警要把秦建设带到派出所。秦建国一看事情闹大了，就上前对警察说："刚才我们哥俩闹矛盾，他拿刀是威胁我，并没有砍我。这是我们家务事，我们自己可以处理。"老秦也表态请民警放心，他一定教育好自己的子女。民警看到这是家务纠纷，各方都有和好的意愿，就对秦建设进行了严厉的批评教育，警告他不得扰乱社会秩序。老秦将二儿子秦建设送回家去。

经过这场纠纷以后，二儿子秦建设对要回这笔钱已经心灰意冷，心中埋怨父亲老秦偏心，把好处都给了老大。大儿子秦建国认为老秦不顾父子情谊，打官司向自己要钱。结果，哥俩都生老秦的气，不理睬他了。老伴也埋怨老秦像小孩子，做事鲁莽，现在搞得众叛亲离。老秦知道老伴说得对，也不分辨，心里一直琢磨着如何解决这场家庭纠纷。老秦明明是受害人，最后却落得个猪八戒照镜子——里外不是人。

时间一晃到了年底，眼看2010年的春节就要到了，今年的年夜饭怎么吃？怎样才能把钱要回来？如何让他们哥俩重归于好呢？老秦为此天天琢磨。

突然有一天，老秦计上心头，决定以其人之道，还治其人之身。老大不是贪财吗？现在房子价格稳中有升，可以拿房子做文章。他如此这般和老伴一商量，老伴同意了。

2010年元旦一过，老秦就给两个儿子打电话，说他和老伴有重要的决定要通知他们，让他们带着媳妇回家来。

到了周末，大儿子秦建国和媳妇、二儿子秦建设和媳妇都回到许久没有踏进的家门。看到老秦夫妇，他们都有些不好意思。老秦装作若无其事地让他们坐下，然后当众宣布："去年年夜饭你们哥俩闹矛盾和后来我跟建国打官司，包括你们哥俩打架，责任都在我身上，你妈已经批评我了，我向你们道歉。我们年龄都已经大了，生活中也用不了多少钱。所以，我和你妈已经商量好了，趁着我们还活着，就把我们的财产分给你们。"说到这里，老秦停顿了一下，两个儿子和媳妇互相看了一下，没有人说话。

老秦接着又说："我们现在有一套房子，我去房屋中介问了，目前市场价大概30万元左右，还有存款30万元，已经借给老大了。我们的决定是这样的，借给老大的钱不要了，归老大所有；我们现在住的房子给老二，这样你们哥俩得到的财产价值相等。如果你们没有意见的话，过几天我们就把房子过户到老二名下。"

老秦说完以后，大儿子秦建国看看妻子，妻子向他使个眼色。还没有等秦建国张嘴，她就抢先说："爸妈，你们二老身体还很好，不要急着分财产。都是我们做子女的不好，惹您二老生气。"秦建国也马上接口说："是啊，爸，我和媳妇早就商量好了，这几天就准备把借的钱还回来。"大儿媳妇也连连点头，表示这确实是他们的意思，还说："爸妈不让我们回来，我们也要回来尽孝。今年春节的年夜饭我们安排。"二儿子秦建设和媳妇听了哥嫂的表态以后，也说父母不要急着分财产，否则外面的人知道肯定得骂他们哥俩没有良心，抢老人的财产。老秦听了以后，试探地对他们说："这是我和你妈已经商量好的决定，你们今天不用急着表态，回去商量一下，过几天再答复我们也不晚。"

面对房地产长期看好的行情，老大两口子根本不用商量就知道孰轻孰重。这次家庭会议开完没有几天，他们就把30万元打入老秦的银行卡，同时，打电话过来通知老秦吃年夜饭的地方已经订好了。老秦打电话把这些事告诉了二儿子秦建设，秦建设说他和老大以后一年一轮安排年夜饭，不让爸妈操心。

放下电话，老秦得意地对老伴说："怎么样？我这一招还可以吧。"老伴笑着说："如果房子贬值的话，你这招就不灵了。"老秦自信地对老伴说："放心吧！车到山前必有路，我还没有得老年痴呆症啊。"

2010年的大年三十，老秦一家祖孙三代吃了一顿快快乐乐的年夜饭。

老秦虽然设计要回了借给大儿子的30万元，但是，之前的父子官司和兄弟动刀早已严重伤害了他们之间的感情。表面平静而欢乐的年夜饭背后，仍然暗藏着随时可能因为利益冲突而爆发的父子和兄弟之争。俗话说，血浓于水。亲人之间本应亲密无间，互帮互助，如果像大儿子一样利欲熏心，亲情就变成了利益，往来就变成了算计，骨肉之情不复存矣。

神秘之吻

◈ **关键词**：无过错责任

大年三十下午，杨磊的母亲往儿子家打电话，铃声响了很久才有人应答。

"喂！"电话那头传来一个女人嘶哑的声音，这跟儿媳妇往常清脆的嗓音完全不一样。老太太听后吓了一跳："严芳啊，你声音怎么变成这样了？是不是感冒了？"

"妈！……"严芳在电话里哽咽着哭了起来。她这一哭可把老太太吓坏了："小芳，怎么回事？快告诉妈！大过年的，不要吓我啊！"

严芳哭着告诉她："您儿子杨磊有相好了，我要和他离婚。以后再也不能孝敬您和爸爸了，您二老好好保重！"还没等老太太回过神来，严芳那头就把电话挂了。

● **迎来送往除旧岁　神秘吻痕滋事端**

老太太在电话里一听，儿子儿媳大过年的竟然闹起离婚来，气得差点晕过去。杨磊和严芳已经结婚10年了，他们的儿子都上了小学。由于平时工作比较忙，他们只能在逢年过节的时候，去双方父母家拜年尽孝。

今天一早，杨磊的父母就开始忙碌起来，为年夜饭准备饭菜。照往常惯例，儿媳妇严芳中午就会过来帮忙。可是，眼看下午3点多钟了还不见她人影，老两口就感到纳闷，怎么回事啊？严芳平时可是个勤劳孝顺的儿媳妇，前几天说好了要早点回家帮忙，怎么到现在还不见人影？

老太太决定打个电话过去问问，没有想到竟然得知了儿子和儿媳闹离婚的消息。

老太太顾不上做年夜饭了，她挂了电话就告诉老头子："儿子家里闹矛盾了，你先做着，我去看看。"说完，她就急匆匆地赶往儿子家一探究竟。

老太太一进儿子家门，就看到地上一片狼藉，儿子垂头丧气地坐在沙发上抽烟，儿媳严芳呆呆地坐在卧室的床上，头发凌乱，两眼通红，脸上还挂着未干的泪痕。这架势一看，就知道两人之间发生过一场恶战。

老太太担心地走进卧室，来到儿媳严芳面前，想问个究竟，还没来得及开口，严芳就抱着她伤心地哭起来。老太太心疼地搂住严芳，关心地问："杨磊怎么欺负你了？跟妈说，妈一定为你做主。"严芳已经哭得泣不成声，哽咽地说："您去问问他，看他干的好事！"

老太太被儿媳妇这句话说得一头雾水，就去客厅找儿子杨磊。她厉声质问闷头抽烟的儿子："你到底干什么坏事了？大过年的把严芳气成这样？"杨磊抬头看着老太太，无辜地说："妈，什么事都没有，我就是在外面酒喝多了，一夜没有回家。早上回来她就和我吵架，怎么解释她都不信。"

杨磊的话音未落，严芳在卧室里就说："妈，他说得不对，您看看他的嘴。"老太太一听拉着杨磊说："你抬头让我看看。"杨磊抬起头来，老太太这才看清儿子的脸，只见杨磊的双唇微肿，周边发红。老太太看后心里感觉有问题，急忙问："你嘴唇周围发红是怎么回事？"杨磊说："我喝多了，真不知道是怎么回事。是不是风吹的？"

"别编了！"严芳在卧室里接话说道，"告诉妈，你和谁天寒地冻的在外面亲热了？留下这些红印子。"

杨磊听了"噌"地一下站起身来，冲着严芳喊道："严芳，你不要血口喷人！"

老太太见这架势就有点着急了，上前一把拽住儿子的胳膊高声喝道："你想气死妈啊！我和你爸都老了，可经不起你们这么折腾啊。"老太太一激动血压就高了，头开始发晕，她马上双手抱住头。

杨磊见这番情景，赶紧扶着老母亲坐下，对她说："妈，我嘴上是怎么回事，我真不知道。"接着，他把昨天晚上喝酒的情况说了一遍，说喝多以后他就什么都不记得了。

老太太看到这事一时半会儿也说不清楚，就指着杨磊说："好小子，妈要是调查出来你背地里干了坏事，一定不饶你。"接着，老太太又进到卧室拉起严芳："孩子，走，跟妈回家过年去，他们爷孙俩还在家等着呢。你放心，杨磊真干了什么坏事，妈肯定替你做主。"

由于老太太的出面调停，杨家的这一顿团圆饭总算吃上了，但是，吃得有点别别扭扭。晚上睡在父母家，杨磊和严芳也一夜无话。

● **老娘护家探真相　儿子心虚道隐情**

大年三十这一天虽然过去了，但是杨磊夫妇的矛盾没有解决。大年初一，老太太心里惦念着这件事，拉着儿媳妇的手，要严芳把他们夫妻之间事情的来龙去脉讲一遍。

原来，去年年初杨磊升职为单位的业务经理，从那儿以后几乎没有正常回过家，不是加班工作就是喝酒应酬，经常三更半夜才回家，回到家也是倒头便睡。对严芳也不像以前那样关心爱护，甚至连严芳生日、他们的结婚纪念日都忘得一干二净。

女人本来就敏感多疑，严芳的直觉告诉她，丈夫肯定有事情瞒着自己，说不定在外面有了情人。于是，严芳就趁杨磊喝醉睡着以后，偷偷查看他的手机，一看果然发现他和一个叫小雯的人每天都要互发短信和打电话。

后来，严芳忍不住问他小雯是谁？杨磊轻描淡写地说是客户。严芳问有联系这么紧密的客户吗？杨磊说这是公司的大客户，还说严芳太多心了，希望她不要用这种无谓的猜测影响夫妻感情。尽管杨磊不承认有外遇，严芳为了维护自己的婚姻和家庭，开始偷偷跟踪杨磊。

一天，晚上 10 点多钟，杨磊还没有回家，严芳打电话问他在什么地方，杨磊说在公司常去的某歌厅应酬。严芳立即打出租车来到这个歌厅，服务台工作人员说杨磊今晚没有来。她又给杨磊打电话，杨磊一听她已经找到歌厅，马上把手机关机了。等严芳板着面孔回家时，杨磊已经到家，夫妻俩大吵了一架。严芳问杨磊当时究竟在什么地方，要查看他的手机。杨磊不让她看，说严芳不信任他，这日子没法过下去了，夫妻俩在争吵中第一次提到了离婚。这次吵完架后，杨磊收敛了许多。

2010 年，儿子的学校一放寒假，杨磊就把儿子先送到母亲家。但是，一进入腊月，杨磊又从早到晚开始应酬，每天喝得醉醺醺才回家。到了腊月二十六，杨磊和妻子把给双方父母买的年货送去。杨磊的父母还反复交代他们在除夕夜早点回家吃饭，杨磊和妻子当时满口答应。

大年二十九，早上上班前，严芳特意提醒杨磊今天下班早点回家，为第二天去父母家团圆做准备。但是，她没有想到，杨磊竟然一夜都没回来，打他手机也不接。

直到大年三十早上 5 点多钟，杨磊才趔趔趄趄地走进家门，他嘴唇周围红红的，好像和人在外面接吻被风吹后留下的痕迹。严芳质问他嘴上的印记是怎么回事？杨磊含糊其词地说不知道，但是，他死不承认自己有出轨行为，却也不能给严芳一个合理的解释。杨磊这样的托词，让本来就充满怨气的严芳彻底爆发，夫妻俩为此吵了一上午。一直到婆婆打电话过来，事情才告一段落。

严芳说到这儿，忍不住又伤心地哭了起来。老太太万万没有想到，平时看起来挺和谐的小两口竟然发生了感情危机。看着憔悴的儿媳妇，她又气又急，一边安慰严芳，一边保证会找杨磊问清楚，给她一个交代。

老太太把儿子杨磊叫到另一个房间，让他把事情经过解释清楚。杨磊回忆说，大年二十九他安排了两个饭局，中饭和晚上都在宴请客户，席间喝了不少酒，由于他平时酒量过人，自己也没有感到喝醉了。到了后半夜两点多钟，他们唱完歌后，他谢绝了要开车送他回家的同事，说今天自己喝酒太多，走着回去散散步。

没有想到被冷风一吹，杨磊的酒劲涌上了头。他最后只记得自己沿着马路一边走一边看着身旁穿梭而过的车辆。这之后发生了什么事情，他一点记忆都没有了，只知道等他再有意识的时候，已经躺在家里客厅的沙发上，他去洗脸刷牙时严芳过来和他吵架。

"你嘴上到底是怎么回事？"老太太见儿子讲了半天也没讲到重点，有点急了。一提到这事，杨磊的委屈就上来了，他诚恳地说："妈，我真不知道是怎么回事啊，您看接吻能接成这样吗？严芳因为猜疑就跟我大吵大闹，还说要离婚，您说我冤不冤啊。"

老太太毕竟了解儿子，他有没有撒谎一眼就能看出来，看来杨磊确实没有做出轨的事，但是，他嘴唇发红这是事实。他又不是小孩流鼻涕被风吹的，如果没有一个合理的解释，不要说严芳，连她自己也很难相信。老太太只好帮助他回忆，你们到歌厅唱歌找小姐陪了？发生了什么没有？老太太努力想唤起儿子的记忆。但是，杨磊斩钉截铁地说："妈，您又不是不了解您儿子。唱歌是在包间里，众目睽睽之下，我能和小姐做什么出格的事？"

"那就奇怪了，你嘴唇肿了，四周发红，总不会是自己舔的吧？按照你说的回家前没干坏事，回家后发现这些痕迹，说明在回家路上发生什么事了，你好好想想？"老太太像福尔摩斯一样希望帮助杨磊恢复记忆。

杨磊双手抱着头认真回想，也试图解开这个谜团，嘴里还叨念着事情发生的经过，试图找回零散的记忆拼成一副完整的画面。但是，被酒精麻痹的大脑什么也想不起来。

最后，老太太只好单刀直入问他："儿子，你告诉妈，你和那个叫小雯的是不是有关系？"看着头发苍白还关心自己的老母亲，杨磊招架不住，只好承认小雯确实是自己的异性知己，说小雯人非常能干，也很关心自己，他们在一起已经快半年了，但是自己从来没有想过和严芳离婚。

● 回归家庭断私情　真相大白酒害人

老太太一听，杨磊确实在外面找了个相好的，严芳的怀疑不是胡思乱想。老太太的眼泪就流了下来，痛心地说："儿子，咱们家是工人家庭，勤劳本分。家里有这么好的媳妇你不珍惜，生活稍好一点，地位高一点你就在外面花天酒地，你让爹妈的脸往何处放？你儿子长大了会怎么想？"

杨磊耷拉着脑袋不吭声。老太太从家族的清白历史讲到孩子的健康成长，苦口婆心地劝导他赶快与那个小雯分手，好好对待自己的妻子。杨磊听了以后，"扑通"一声跪在母亲面前忏悔道："妈，我知道做错了，过完春节我一定和小雯结束这种不正常的关系。"老太太听后放心了，她提示道："你昨天晚上喝多了是不是去找她了？她把你的嘴弄成这样，肯定是想让严芳发现，然后逼你们吵架离婚。"杨磊哭笑不得地说："真没有。她家在外地，早就回家过年了。"

杨磊虽然有了外遇，但是嘴唇上的印记与外遇无关，而杨磊又愿意回归家庭。以严芳的个性，她知道事实真相后一定会提出来离婚。所以，杨磊不让母亲告诉严芳真相，说他不想失去这段婚姻。老太太看着儿子诚心悔过的模样，不想在过年期间把矛盾扩大，更不想让儿子和儿媳离婚。于是，她告诉杨磊："你真心悔过对严芳好，妈就不讲。但是，你得找那天一起喝酒的人作证，才能让严芳相信你没有在外面做什么对不起她的事情。"

老太太和儿子谈完话以后，对儿媳严芳说，她已经交代杨磊找那天和他一起喝酒的人来向你说明情况。严芳看到婆婆大过年的还这么关心自己和家庭，心里有点过意不去。杨磊趁热打铁向妻子道歉，表示一定把事情搞清楚，给严芳一个交代。于是，他们夫妻的对立情绪缓和了。杨磊的母亲用她无私的爱和对晚辈的关怀，使杨磊夫妻又重归于好。

初一下午，杨磊和严芳告别杨磊的父母，回到自己的小家，准备第二天回严芳的娘家。

杨磊两口子刚走进小区，迎面碰到了居委会干部老李。老李看到杨磊立即停住了脚步，关心地对他说："小杨啊，你前天醉得可不轻啊。你还年轻身体不要喝坏了，弟妹你也要管管他。"杨磊一听纳闷了，老李怎么知道自己前天喝多了？

他急忙掏出香烟递给老李："你看见我了？"老李哈哈一笑："我看到你和门口小卖部那条大黄狗吻得热火朝天啊。"老李这番话把杨磊说得是一头雾水。

杨磊追问之下才明白，那天早上老李起来锻炼身体，看见杨磊醉倒在小区门口，呕吐物吐了一地。小卖部那条大黄狗在他身边舔食，还不断地用舌头舔杨磊的嘴唇。老李赶忙上前把狗撵走，把杨磊从地上拉了起来，一边扶着他一边说："这么冷的天，不能睡在外面，快回家去吧。"老李打算把他送回家去，这时候，杨磊似乎已经有些意识了，他含糊不清地说："没事！吐完就好了，我自个儿回去。"说完，摇摇晃晃地往家走去，老李看见他还认得路，就没有跟过去。

杨磊听老李这么一说，忽然感觉失去的记忆被找了回来，虽然画面不完整，但他的确想起了自己躺在地上，有一只狗围着自己转来转去。

真是一语惊醒梦中人啊！原来，自己嘴唇上神秘的痕迹是大黄狗的"杰作"，终于可以证明自己的清白了。杨磊心中郁闷一扫而空，他一把抱住老李千恩万谢，把老李弄得不知所措。

告别了老李，杨磊激动地对妻子严芳说："你看，我没有骗你吧。"老李说的这些话，严芳都已经亲耳听到，她也明白自己误解丈夫了。所以，她点头对杨磊说："尽管你没有干什么坏事，但是酗酒也不是什么好事。"杨磊连连点头，表示以后再也不喝那么多酒了。严芳心中的疑团这才算是真正消除。

虽然杨磊和严芳的误会消除了，但是一进家门，严芳脑海里突然闪出一个念头：老李说杨磊和狗接吻虽然是开玩笑，但是杨磊的嘴唇被狗舔过，他当时烂醉如泥，狗会不会舔到他的嘴里？他会不会得了狂犬病，要不要打狂犬疫苗？这样一想，她心急如焚，马上拉着杨磊赶到医院，挂了急诊看了医生。

经过医生的检查，发现杨磊的嘴唇部位微肿发红，但是口腔内外都没有破损。医生诊断说："这是唇炎，开点药膏抹抹就好了。春节期间要少抽烟少喝酒，避免食用辛辣刺激食物。"严芳担心地问："会不会得狂犬病？要不要打狂犬疫苗啊？"医生劝慰他们："不用，别害怕。狂犬病是被疯犬咬伤后病毒侵害中枢神经系统引起的急性病毒性传染病。如果被狗咬伤了一定要打狂犬疫苗，但是像你这种情况不用打。你口腔内外都没有破损，这只狗又是你们经常看到健康的狗，所以不用担心。你们注意观察那条狗，只要它正常，你肯定没有事。"

出了医院，两口子心里还是惴惴不安，好端端的春节就被这条狗给搅和了，引起家庭风波不说，大年初一还得去医院看病。中国人最讲究在新年讨个好彩头，可是，经过这么一折腾，接下来这一年都别想安宁。杨磊越想越生气，决定找小卖部老板理论，要求他赔偿损失。

大年初六，小卖部开门营业了。杨磊就去找小卖部的刘老板，看见那条大黄狗安然地盘卧在门口。他见到刘老板以后讲了事情经过，问他的狗打过狂犬疫苗没有？刘老板摇摇头说："没有打过，好好的狗为什么要打狂犬疫苗？"杨磊说："你的狗舔了我的嘴唇怎么办？"刘老板听了以后反问他："你说你喝醉了，怎么知道是我家的狗舔了你的嘴唇？"杨磊回答："邻居老李早上锻炼身体看到了。"刘老板不相信，让他去把老李找来对质。

杨磊只好又到老李家把他请了过来。老李对刘老板说："大年三十那天早上，我确实看见你的狗在舔杨磊的嘴唇，还是我上前把狗轰走的。"刘老板听了老李的话，没法不认账了，就对杨磊说："我家的大黄狗整天在小卖部，温顺听话不咬人，舔你嘴唇也是向你表示友好。"杨磊不认同："谁知道你的狗有没有携带病毒，害得我大年初一去医院看病开药。你是大黄狗的主人，应当承担赔偿责任。"刘老板不同意："如果不是你醉倒在小区门口，它怎么会舔你的嘴呢？它又没有咬你，我有什么责任?"

双方各执己见,开始争吵起来。老李居间调解,也无法达成共识。杨磊说要告刘老板。刘老板说:"你告吧,我等着!"双方陷入了僵持之中。

老李是街道人民调解委员会聘用的人民调解员,他规劝双方不要意气用事,有什么问题到人民调解委员会进行调解。老李和他们约定下午一起到人民调解委员会办公室。

到了下午,杨磊和刘老板先后赶到。老李和其他调解员分别给他们进行了调解工作。调解员告诉刘老板,城镇养犬有规定,要登记免疫,外出要戴狗链,大型狗要戴嘴套。你没有登记免疫,随意放狗已经侵犯了杨磊的人身权益,即使没有造成人身损害后果,在精神上也给他造成了损害。邻里之间要互谅互让,要及时解决发生的纠纷,更何况你还从事着经营活动。和气生财嘛!经过调解员的调解,刘老板认识到自己作为动物饲养人有看管义务,饲养动物致人损害时,不管他有没有过错,都要承担责任。为此,他表示愿意向杨磊赔礼道歉和赔偿损失 1000 元。而杨磊经过调解也认识到自己喝醉酒与纠纷发生有关,在刘老板赔礼道歉后,他表示赔偿 500 元就行了。这场狗吻醉酒汉的风波在新年初始就圆满解决了。

● 法点释义:无过错责任 >>>

无过错责任,是指没有过错造成他人损害的,依法律规定应承担民事责任的归责原则。适用这一原则,不是根据行为人的过错,而是基于损害的客观存在,以及行为与损害后果的因果关系,而由法律规定的特别加重责任。无过错责任分两类:一是指当事人对造成损害都没有过错时,可以根据实际情况,由当事人分担民事责任;二是产品质量损害、高危作业损害、环境污染损害、饲养动物损害等,致害人员无过错仍应承担民事责任。

本案的法律焦点，是饲养的动物致人损害的法律问题。关于饲养的动物致人损害，我国新旧法律都有明确的规定。

● **法律链接：饲养动物损害责任** >>>

案发时法律规定：《中华人民共和国民法通则》

第一百二十七条　饲养的动物造成他人损害的，动物饲养人或者管理人应当承担民事责任；由于受害人的过错造成损害的，动物饲养人或者管理人不承担民事责任；由于第三人的过错造成损害的，第三人应当承担民事责任。

民法典新规定：《中华人民共和国民法典》

2021年1月1日起施行的民法典将饲养动物损害责任规定在第七编"侵权责任"中，用一章七个条文规定了饲养动物损害的法律责任。完善修订了法律条款，明确饲养动物要遵守法律法规的规定。

第一千二百四十五条　饲养的动物造成他人损害的，动物饲养人或者管理人应当承担侵权责任；但是，能够证明损害是因被侵权人故意或者重大过失造成的，可以不承担或者减轻责任。

第一千二百四十六条　违反管理规定，未对动物采取安全措施造成他人损害的，动物饲养人或者管理人应当承担侵权责任；但是，能够证明损害是因被侵权人故意造成的，可以减轻责任。

第一千二百四十七条　禁止饲养的烈性犬等危险动物造成他人损害的，动物饲养人或者管理人应当承担侵权责任。

第一千二百四十八条　动物园的动物造成他人损害的，动物园应当承担侵权责任；但是，能够证明尽到管理职责的，不承担侵权责任。

第一千二百四十九条　遗弃、逃逸的动物在遗弃、逃逸期间造成他人损害的，由动物原饲养人或者管理人承担侵权责任。

第一千二百五十条　因第三人的过错致使动物造成他人损害的，被侵权人可以向动物饲养人或者管理人请求赔偿，也可以向第三人请求赔偿。动物饲养人或者管理人赔偿后，有权向第三人追偿。

第一千二百五十一条 饲养动物应当遵守法律法规，尊重社会公德，不得妨碍他人生活。

根据上述新旧法律规定可知，饲养动物致人损害承担的是无过错责任。就是只要动物致人损害，饲养人没有过错也要承担赔偿责任，除非有法定的抗辩理由，才可以减轻或免除饲养人的赔偿责任。受害人自身过错造成的伤害，饲养人不承担赔偿责任；第三人原因造成的伤害，饲养人可以向第三人追偿。很显然，立法的目的就是让动物饲养人尽到看护好动物这一责任，避免动物伤人事件的发生。本案中，刘老板作为动物饲养人违反了城市养犬规定，致使饲养动物舔亲杨磊，而杨磊的醉酒行为对于这种侵害而言并不是过错行为。所以，刘老板应当承担赔偿杨磊的法律责任。

杨磊醉酒后被狗舔出的唇炎，竟然惹出了如此多的麻烦，可见酗酒贪杯真是害己误人。正是"逢场不贪杯中物，哪来烂醉狗舔唇？"逢年过节，我们在欢庆的同时，一定要有节制，以免乐极生悲。当然，饲养动物的朋友也要尽职尽责，看好自己的宠物，不要让自己的人生乐趣变成他人的烦恼。

"烈女"争名

◆ 关键词：姓名权

刘喜旺和王爱萍是同学，上中学时他们就谈起了恋爱。高中毕业后他们分别到外地打工，手机短信经常联系，春节回家天天欢聚。随着年龄的增长，他们在老家订了婚，王爱萍也住进了刘喜旺家，两家商定于2011年元旦登记结婚。

2010年春节一过，刘喜旺和王爱萍的家人就开始筹备婚礼。刘喜旺家是娶媳妇，按照当地习俗他们把新房粉刷了，置办了家具，生活用品也一应俱全。随着季节的变换，全家人就等着在外打工的刘喜旺和王爱萍年底回家成亲。谁知，就在这个时候，一封来信将这场即将举办的婚礼搅黄了。

● 惊天丑事传乡里　行政处罚引婚变

2010年10月的一天，村委会的李会计给刘喜旺家送来一封信。他笑着说："喜旺妈，这是镇上邮局送到村委会的，我一看是你家的信就拿过来了。"

刘喜旺的母亲和几个亲戚正在给刘喜旺做被褥，立刻热情地招呼他坐下，端水沏茶后对他说："我不识字，麻烦你给我念念信里是什么内容。"

李会计盛情难却，就打开了信封，从里面拿出一张盖有鲜红印章的纸，随口念出："行政拘留家属通知书……"

刘喜旺的母亲一听愣住了，张口问道："什么行政拘留家属通知书？

拘留谁了?"李会计看看落款对她说:"这是公安局的行政拘留家属通知书。"他又看了看抬头:"被拘留的是王爱萍。"

王爱萍?这不是自己未来的儿媳妇吗?刘喜旺的妈妈和几个亲戚都放下了手中的活,抬头看着李会计发愣。李会计看着她们也没有说话,自己低头阅看行政拘留家属通知书。

刘喜旺的母亲非常着急:"上面写的什么?你快告诉我。"李会计抬起头,对她尴尬地说:"这,这个还不好说。""有什么不好说的,快告诉我是怎么回事?"刘喜旺的母亲以为自己未来的儿媳妇得了疾病或者遇到了什么麻烦,催促李会计告诉她。李会计咽了咽口水,为难地告诉她:"你儿媳妇因为卖淫被公安局行政拘留15天。"

什么?自己未过门的媳妇成了卖淫女?刘喜旺的妈妈一下子被这个消息击蒙了。她不相信这个消息是真的,让识字的亲戚再看看。亲戚看后告诉她:"是真的。"刘喜旺的妈妈立刻失声痛哭起来。这下家里的活干不下去了,亲戚们劝说她几句后都相继离去。

刘喜旺的妈妈躺在床上暗自流泪,她怎么也没有想到家门会遭遇如此不幸,将要娶进门的儿媳妇竟然是个卖淫女。晚上老两口商量要不要跟刘喜旺说,说吧,这半年的婚礼准备前功尽弃;不说吧,儿媳妇还没有过门就不守妇道。老两口商量了一宿,犹豫不定。

好事不出门,坏事传千里。刘喜旺的未婚妻在外地卖淫的消息很快传遍了乡里。

第二天,刘喜旺的家人发现村里每个人和他们说话的时候跟以前都不一样了,似乎都话里有话。刘喜旺的父母由此下定决心,这个儿媳妇坚决不能要,否则他们在村里会永远抬不起头来,必须马上把这个消息告诉刘喜旺。

二老商量好以后,刘喜旺的母亲给儿子打了电话,告诉他王爱萍卖淫被抓的惊人消息。刘喜旺听了以后断然否认说:"妈,这个肯定是假的,前几天我还和她通电话呢。"妈妈说:"儿子,千真万确,上面公安局鲜红的印章盖着呢。"刘喜旺还是不相信:"妈,现在骗人的东西很多，你别上当受骗。""这是邮局送来的，又没有要咱们一分钱，骗咱们什么呢？你赶快回家商量一下怎么办？这个儿媳妇我是不能要了。"放下电话，刘喜旺还是半信半疑，他给王爱萍打电话，结果语音提示对方手机关机。这时，他心里有点发毛，开始怀疑她是不是真出什么事了。他马上买好第二天早上的车票，风尘仆仆回到了家乡。

第二天下午，刘喜旺急匆匆赶回家中。他做的第一件事就是看行政拘留家属通知书，看完后他也蒙了。上面王爱萍的个人信息正确，违法卖淫的事实清楚，行政拘留的地点明确，就是她现在打工的地方。他们自订婚同居以后，王爱萍开始用他家的地址对外联系，所以这份公文寄到他家也很正常。但是，有一点他感到疑惑："行政拘留家属通知书上写着拘留15天，可是前几天我还和她联系过啊。"母亲在一旁说："儿子，你别傻了！我听说这种拘留表现好了，可以提前放出来。"刘喜旺一听母亲说得有道理，自己毕竟不是每天都和王爱萍联系，也许她真干了什么见不得人的事情。看着一旁伤心不已的母亲，刘喜旺表态："如果她真干了这样违法的事情，我这个婚肯定不结了。咱们退婚！"刘喜旺一气之下，再次拨打王爱萍的电话。结果，电话仍然打不通。

到了晚上，刘喜旺才打通她的电话。王爱萍在电话那边一张口"喂"，这边刘喜旺就没好气地问她："你的电话这几天为什么打不通？"王爱萍解释说："我手机坏了，刚修好，正准备给你打电话呢。"刘喜旺鼻子哼了一声："你是不是干什么坏事了？"王爱萍马上敏感地问道："你说这话是什么意思？""什么意思？你心里清楚。"刘喜旺看着父母在一旁鼓励他的眼神，对着话筒一字一句地说："王爱萍，我现在正式通知你，咱俩的婚礼取消了。""为什么……"刘喜旺没有等王爱萍把话说完就挂断了电话。王爱萍再打电话，他也不接。

● 人格名誉受侮辱 "烈女"愤怒争清白

两天后，王爱萍和她的家人怒气冲冲地来到刘喜旺家。一进门，王爱萍激动地指着刘喜旺问："刘喜旺，你为什么取消婚礼？"刘喜旺冷冷地看着她说:"什么原因,你自己知道。""我不知道,你说!如果你今天不说出原因来,我和你没完。"王爱萍说着就坐了下来。刘喜旺把行政拘留家属通知书拿出来,扔给了王爱萍:"什么原因,你自己看。"

王爱萍看完行政拘留家属通知书,眼中冒出怒火,她双手挥舞着问刘喜旺:"这个东西你是从哪儿弄来的?"刘喜旺把信封也递给她:"哪儿弄来的?你看清楚,这是你打工那个地方公安局寄来的。"王爱萍看后眼泪流了下来:"这不是真的,咱俩交往几年你不相信我。我没有干过任何对不起你的事,你可以去调查!"

这时,刘喜旺的母亲插话说:"还调查什么?公安局的文件我们都不相信吗?"王爱萍转头对她说:"妈,这个文件肯定是假的,我是冤枉的。"此时,王爱萍的家人也看完了行政拘留家属通知书,明白了刘家人为什么要取消婚礼;但是,他们更相信王爱萍是冤枉的。于是,他们就和刘喜旺家人商量:"小萍的人品我们知道,这件事咱们两方谁都不怨,婚礼暂时不举办也可以,但是咱们得一起先把这件事情的真假弄明白。"刘家人拒绝说:"要弄,你们自己去弄明白,我们跟着丢不起这个人。"王爱萍斩钉截铁地说:"不行!刘喜旺必须和我一起去。如果这件事是真的,我出门让车撞死。如果不是真的,你刘喜旺要给我一个说法。"

结果,刘喜旺和王爱萍两家人为要不要一起去落实行政拘留家属通知书真假争执起来。僵持不下之时,王爱萍趁众人不备拿起刘喜旺家桌上的茶杯向自己的头上砸去,鲜血立刻流了下来。王爱萍的家人一看她自残了,马上抱住她,让刘喜旺家人找纱布把她的伤口包住。刘喜旺和家里人也很快找来车辆,陪同王爱萍到医院救治。经过医生的检查,王爱萍伤势无大碍,伤口缝了4针,又打了破伤风针。

看到王爱萍的反应如此激烈,刘喜旺的内心也开始犹豫起来:或许她真是被冤枉了。于是,刘喜旺同意和王爱萍一起去核实真伪。双方家里都怕自己的孩子再出意外,决定双方各派一个亲友陪同他们前往。

刘喜旺和王爱萍一行到了作出行政处罚决定书的公安局。接待大厅

"烈女"争名

137

的民警看完行政拘留家属通知书以后说:"这是我们局的法律文书,按照行政处罚程序的规定,我们应当通知被拘留人家属。你们来有什么事?"王爱萍对民警说:"这行政拘留家属通知书上面的王爱萍就是我;但是,我没有做任何坏事,也没有被你们公安局行政拘留。你们的通知书搞错了,我来就是要弄清楚是怎么回事。"

民警一听马上感到问题严重,他核对了王爱萍的身份证,确实与行政处罚决定书的王爱萍信息一致。经过领导批准,民警找出行政处罚卷宗,翻出王爱萍的笔录和照片。王爱萍马上就辨认出来:"这张照片上的女人是我中学同学,她叫贺红。"民警立即在内部网上搜寻贺红的身份信息,果然发现确实有这个人,她和王爱萍长相相仿,看来是她假冒了王爱萍。公安局的有关领导得知情况后立即出来安抚王爱萍:"你们反映的情况我们已经知道了,我们会尽快查清事实真相,一定会给你负责的答复,你们先回去等消息吧。"

虽然公安机关当天没有给出正式的答复,但是刘喜旺从交涉的过程中已经感觉到王爱萍确实被冤枉了。走出公安局的大门,他看着头部缠着绷带的王爱萍,心里感到十分歉疚。他轻声喊道:"爱萍,我……"他后面的话还没有出口,王爱萍就阻止了他:"你走吧,我要一个人待会儿。"刘喜旺还想说话,王爱萍理都不理他,径直向前走去。

看着王爱萍的背影,刘喜旺百感交集。事情发展到这一步,应该说也不怨他,但是王爱萍确实因为他而受到了伤害。虽然王爱萍很快就能得到平反昭雪,但是他们的感情看来很快也要结束了,造成这一切的罪魁祸首就是贺红,她假冒王爱萍欺骗公安机关。

贺红也是刘喜旺的中学同学,每年回家过年大家还有来往。王爱萍上学时和她关系挺好,毕业后两人一起外出打工,现在也跟王爱萍在一个地方打工。万万没有想到,贺红不但从事违法活动,还坑害自己的好朋友,并且毁了自己的婚事。这口气无论如何不能咽下去,刘喜旺和同来的亲友一商量,决定去找贺红算账。

刘喜旺从同学处找到贺红的电话,给她打过去说:"我今天路过这里，想见见你这个老同学。"贺红在电话那头马上警觉地问："王爱萍和你在一起吗？""没有，我还没有联系上她。"贺红放松了警惕，和他约定了见面地点。

他们一见面，刘喜旺就怒火冲天地质问她："你为什么要冒充王爱萍？你为什么要欺骗公安局？"当贺红看到刘喜旺和另一个男人板着脸来了，已经知道不妙。她本来不想承认假冒王爱萍一事，但是发现瞒不住了。她一边掏出香烟相让，一边赔笑脸说："对不起，老同学。我不是故意的，当时情急之下随口就把王爱萍说出来了。"刘喜旺用鄙夷的眼光看着她："你自己愿意干什么我管不了，你冒充王爱萍已经毁了她的名声。"贺红连声说："对不起，对不起！"刘喜旺摆摆手说："你说对不起有什么用？我们的婚事都被你搅黄了。你说怎么办？"贺红见刘喜旺不依不饶的样子，知道不想办法今天就脱不了身。她点着烟抽了一口，装出诚恳的样子对刘喜旺说："现在我说对不起确实没有什么用，但是，你们不结婚也不一定是坏事。""你这是什么意思？"刘喜旺的眉毛竖了起来。"我说了你别激动啊。"贺红吐着烟圈慢条斯理地告诉他，当年高中毕业后，她和王爱萍一起外出打工，实际上她们都在发廊里工作过，只是后来王爱萍辞职了。因此，这次遇到警察突击检查，她就随口假冒了王爱萍。刘喜旺虽然打心里看不起贺红，但是她的话也让他心生疑惑。贺红是因为在发廊违法卖淫被查获的，她说王爱萍以前也在发廊工作过，这不是暗示王爱萍也干过违法的事情吗？刘喜旺心中与贺红算账的怒火被她这番另有深意的话给生生浇灭了，他警告了贺红，便和亲戚离开了。

过了几天，公安机关正式告知王爱萍，她的姓名确实被贺红假冒，公安机关决定撤销原行政处罚决定书，向王爱萍赔礼道歉。由于承办民警在工作中粗心大意，给王爱萍造成了名誉损害。经过双方协商，公安机关赔偿王爱萍各项损失共计3万元。整个事件的处理过程，刘喜旺全程参与，他知道不管王爱萍以前是否干过不光彩的事情，至少这次她确实是被冤枉了。王爱萍在公安机关的领导当面向她赔礼道歉时，再一次失声痛哭。

王爱萍被冒名顶替一案终于水落石出，刘喜旺打电话告诉了家人，家里人催他们赶快回家举行婚礼。

刘喜旺与王爱萍多年恋爱，感情很深厚，那天贺红含沙射影的话并没有动摇他对王爱萍的爱。所以，刘喜旺就厚着脸皮跟王爱萍说："爱萍，咱们回家吧？那边已经把婚礼准备好了，以后咱们好好过日子。"王爱萍平静地看着他说："你认为咱们今后还能过好日子吗？""为什么不能？这件事不怨我呀，公安局邮寄出来的文件谁不相信。"刘喜旺辩解道。

王爱萍摇摇头："不仅是公安局的事情，最主要的是你我交往这么多年，你还是不信任我。"刘喜旺还想说话，王爱萍摆了摆手说："你不用说了，你的意思我明白。我已经认真想过了，咱俩不能结婚，成了家后也经不起风吹雨打。咱们还是分手吧！"

王爱萍向刘喜旺提出，要把个人物品从他家拿走，刘喜旺再补偿她5万元，他们二人正式分手。刘喜旺既不同意分手，也不同意补偿给她钱。但是，王爱萍执意要和他分手。

回到老家后，王爱萍从刘喜旺家将自己的物品搬走。刘喜旺看强扭的瓜不甜，也只好同意分手，但是只愿意补偿她1万元。王爱萍不同意："你就是给我10万元也补偿不了我对你的付出，1万元你打发叫花子呢。"

这时，刘喜旺的犟脾气上来了。反正两个人婚也不结了，他说起话来更口无遮拦："你别觉得自己多了不起，以前你不也在发廊里干过吗？"他这番话立即惹怒了王爱萍。"谁告诉你的？你这样说是什么意思？"当王爱萍问清楚是贺红告诉刘喜旺的以后，就对他说："我先去找贺红算账，回来再找你算账。"

● 依法诉讼维权益　人生正道得清白

王爱萍找到了贺红，贺红既不承认假冒姓名败坏了她的名誉，也不承认向刘喜旺暗示她干过违法的事情。她厚颜无耻地说是公安局搞错了她们两个人的名字，而刘喜旺说她在发廊干过是为了不给她赔偿款。王爱萍和她大吵一架，两个人不欢而散。

王爱萍以前确实在发廊里干过，工作几个月以后她发现老板在鼓动她们从事色情服务，就立即从发廊辞职换了工作，而贺红仍然留在发廊里。王爱萍没有想到贺红不但假冒自己欺骗公安局，反而故意散布谣言毁坏自己的名誉。是可忍，孰不可忍！王爱萍决定拿起法律的武器维护自己的合法权益。

不久，王爱萍将贺红告上法庭，法院择期开庭进行了审理。原告王爱萍诉称："被告贺红在从事违法行为被警方抓获后，故意隐瞒自己的真实身份，假冒我姓名，欺骗公安机关，侵犯了我的姓名权，给我造成了巨大的精神痛苦。同时，被告贺红还向我男友暗示我曾经有过违法行为，导致恋爱4年的男友与我分手。故请求法院判决：一、被告贺红向我赔礼道歉；二、被告贺红赔偿我交通费、误工费5000元，精神损害抚慰金2万元，并承担本案诉讼费用。"

被告贺红答辩说："我是在情急之下假冒原告姓名的，不是故意的，公安局拘留的是我，不是原告，并没有给她造成精神和财产损失。我从来没有向原告的男友暗示她曾经从事过违法职业，我讲她在发廊工作过是客观事实。所以，我愿意向原告赔礼道歉，不同意进行民事赔偿。"

根据原、被告双方的观点，我们不难看出本案的争议焦点就是王爱萍的姓名权是否受到了损害？

● **法点释义**：姓名权 >>>

姓名是公民用以确定、表明身份，彼此间相互区别的符号，是使自然人特定化的标志，也是社会个体体现个性、人格独立的标志。姓名权是指公民自由决定、使用和依照规定改变自己的姓名，并禁止他人干涉、盗用、假冒自己姓名的一项民事权利。假冒他人姓名从事不法行为，必然对他人名誉造成损害，直接妨害、影响他人参与社会竞争的资格，因此，法律保护公民或法人的姓名权不受他人侵犯。

● **法律链接：** >>>

案发时法律规定：《中华人民共和国民法通则》

第九十九条 公民享有姓名权，有权决定、使用和依照规定改变自己的姓名，禁止他人干涉、盗用、假冒。

法人、个体工商户、个人合伙享有名称权。企业法人、个体工商户、个人合伙有权使用、依法转让自己的名称。

第一百二十条 公民的姓名权、肖像权、名誉权、荣誉权受到侵害的，有权要求停止侵害，恢复名誉，消除影响，赔礼道歉，并可以要求赔偿损失。

法人的名称权、名誉权、荣誉权受到侵害的，适用前款规定。

《最高人民法院关于贯彻执行〈民法通则〉若干问题的意见（修改稿）》

162. 盗用、假冒他人姓名、名称造成损害的，应当认定侵犯姓名权、名称权的行为。

民法典新规定：《中华人民共和国民法典》

2021年1月1日起施行的民法典，将姓名权规定在第四编"人格权"里，规定自然人享有姓名权，组织享有名称权。笔名、艺名、网名、译名、字号、姓名和名称的简称等也参照姓名权、名称权进行保护。民法典将人格权独立成编，加大了对人格权的保护力度和范围，并且明确人格权保护没有诉讼时效。

第九百九十条 人格权是民事主体享有的生命权、身体权、健康权、姓名权、名称权、肖像权、名誉权、荣誉权、隐私权等权利。

除前款规定的人格权外，自然人享有基于人身自由、人格尊严产生的其他人格权益。

第九百九十五条 人格权受到侵害的，受害人有权依照本法和其法律的规定请求行为人承担民事责任。受害人的停止侵害、排除妨碍、消除危险、消除影响、恢复名誉、赔礼道歉请求权，不适用诉讼时效的规定。

第一千零一十二条 自然人享有姓名权，有权依法决定、使用、变更或者许可他人使用自己的姓名，但是不得违背公序良俗。

第一千零一十三条 法人、非法人组织享有名称权，有权依法决定、使用、变更、转让或者许可他人使用自己的名称。

第一千零一十四条 任何组织或者个人不得以干涉、盗用、假冒等方式侵害他人的姓名权或者名称权。

根据案发时的法律规定，结合本案事实，被告贺红在从事违法行为被公安机关抓获后，为避免留下违法行为记录，假冒原告王爱萍的姓名，给王爱萍造成精神和肉体的双重痛苦，致使王爱萍招致蔑视和指责，从而降低了原告的社会评价。被告贺红的行为明显存在过错，侵害了原告姓名权，应当承担侵权责任。

最后，法院在判决中指出，被告贺红假冒原告王爱萍姓名的行为，影响了社会对王爱萍作出公正的评价，实际导致王爱萍的名誉受到损害。据此，依据我国民法通则、侵权责任法和《最高人民法院关于确定民事侵权精神损害赔偿责任若干问题的解释》的有关规定，判决被告贺红赔偿其侵权行为给原告王爱萍造成的各项经济损失4000余元，精神损害抚慰金1万元，于本判决发生法律效力之日起10日内给付；驳回原告的其他诉讼请求。

一审宣判后，双方当事人均未提出上诉。一审判决发生法律效力后，贺红履行了判决义务，王爱萍的维权行为落下了帷幕。

每次法院开庭时，都有一个人在下面旁听，他就是刘喜旺。他一直没有放弃与王爱萍和好的念头，决定重新追求她。王爱萍的冤屈被洗清了，刘喜旺也表达了白头偕老的忠诚，王爱萍最后原谅了刘喜旺，他们两个人和好如初，很快举行了婚礼。

俗话说，人要脸，树要皮。这说明人的名誉与尊严十分重要，而名誉与尊严与每个人的姓名紧密联系在一起。所以，当王爱萍的姓名权被侵犯后，她勇敢地进行维权，证明了自己的清白。然而，生活中有许多不注重自己姓名权的人，他们把自己的名字借给别人使用，有的人是顾及情面，有的人是贪图小利。岂不知名字代表着自己，行为会产生法律后果。这个案件提示我们，既不能漠视权利的维护，也不能放任不法的侵害。

"偷情"协议

◈ **关键词：** 共同财产处置权

2016年的一天，丁伟回到家已经是晚上10点多钟，推开门的那一刹那，他立刻感觉到了家中的异常。

只见妻子孙晓霞板着脸坐在沙发上，盯着他说："我今天去见你的情人了。"丁伟顿时就蒙了，他尴尬地笑道："老婆，我哪有什么情人。"

孙晓霞拿出一份协议书拍在桌子上："丁伟，你给我说清楚这是怎么回事？"丁伟看到那份协议，脸色顿时变了，额头瞬间冒出了虚汗。因为这份协议中藏着他不可告人的秘密……

● "保密协议"不保密　妻子发现婚外情

2008年，丁伟和妻子孙晓霞结婚，第二年就有了儿子。孩子出生后，夫妻俩都把时间和精力倾注在孩子身上，感情交流不像以前那么密切了，他们的夫妻生活早早进入了惯性运转阶段。

俗话说，婚姻有七年之痒。随着时间的推移，丁伟认识了有夫之妇李红。两个人你有情我有意，不久就成了一对情人。

浓情蜜意之时，李红对丁伟提出来双方分别离婚，然后他们结婚。丁伟虽然对妻子孙晓霞已经激情不再，但是对于离婚他有顾虑，怕儿子判归孙晓霞抚养，自己失去老年的依靠。所以，他不想离婚，只想和李红维系婚外情的关系，这样不影响他陪伴儿子成长。尽管李红表态会视丁伟的儿子如己出，但是，丁伟还是迟迟下不了离婚的决心。

李红为了使丁伟尽快离婚，自己先向丈夫提出了离婚。她丈夫当然不同意，并且怀疑她有了外遇，就偷偷在家安装了摄像头，然后找借口说要出差。果不其然，针孔摄像头在家中拍下了妻子与丁伟幽会出轨的视频。于是，他拿着视频跟李红摊牌，说李红如果迷途知返，他可以既往不咎；如果执意离婚，他就把视频发给她家人和同事，再放到网上让她身败名裂。

李红看到自己的把柄被丈夫抓住，就急忙找到丁伟，要求丁伟勇敢地站出来，为她撑腰，娶她为妻。丁伟听了马上拒绝道，我还没有准备好，这时候提离婚会伤害儿子和父母。他要求李红先冷静下来，不要急于和丈夫离婚，自己要考虑好才能作出决定。

为了防止李红天天缠着自己，丁伟还把她的手机号码屏蔽了。李红看到丁伟这样优柔寡断的态度，知道不能指望他离婚娶自己，在失望和伤心之余，她也对出轨丁伟后悔了，并为丈夫的宽宏大量所感动，在家人的规劝下，她决定不再与丈夫离婚，并果断地决定与丁伟分手。

李红回归了家庭，丁伟也卸掉了压力，他不用背负良心债了。哪知，李红的丈夫并没有善罢甘休，他可不想那么轻易地放过丁伟。于是，他让妻子约丁伟见面谈判，以他手中的不雅视频相要挟，要求丁伟向他赔礼道歉，索要 20 万元的"精神赔偿金"。自知理亏的丁伟同意赔礼道歉，但是他不想给这 20 万元，因为他和李红好时是你情我愿，他并没有强迫李红做任何事。

李红的丈夫说："你们俩的事给我名誉和家庭都造成了极大的伤害，你应当对我进行精神损害赔偿。你不想给钱也可以，我就把这些视频发给你家人和同事，让你和我一样遭受痛苦。"

面对不雅视频传播会造成身败名裂的后果，丁伟选择了"破财消灾"。经过几番讨价还价，丁伟给了对方 10 万元。在丁伟付钱以后，李红的丈夫把不雅视频还给他，他们双方还签下了"保密协议"，约定丁伟自愿赔偿 10 万元，李红的丈夫承诺不再追究他的责任。

丁伟虽然遭受了财产损失，但是婚外情没有败露。为了防止李红的丈夫以后再敲诈他，他决定保存好这些证据。他知道妻子孙晓霞平时不管家务事，他就把这些材料保存在家中一个隐秘的地方。没有想到，这次妻子孙晓霞为了帮孩子办理上学手续，在家中到处翻找证件，不料却翻出了这些材料。看了协议书、收条和U盘后，孙晓霞犹如遭受晴天霹雳，她没有想到自己把全身心都放在这个家，丈夫却在外面寻欢作乐，还为此赔了10万元。孙晓霞认识李红，曾经和她打过几次交道。为此，她去找李红要个说法。没有想到，李红竟然说："我和丁伟现在没有任何关系，以前是你丈夫先勾引我的。你要有本事，回家先管住他。"于是，孙晓霞就气鼓鼓地在家等着丈夫，等丁伟回家后和他当面对质，这就有了案情开头一幕。丁伟签署并保存"保密协议"，是为了视频不外泄，还要防止李红的丈夫再来闹事。没有想到，自己的愚蠢反倒泄了密，丑事瞒不住了，丁伟只能自己想办法渡过这个难关。

● **丈夫私情要保密　妻子愤怒提离婚**

面对妻子孙晓霞手中的证据，丁伟无法抵赖，只好如实交代自己的过错。他还说自己已经迷途知返，和李红断绝关系很久了。

孙晓霞听了丁伟的表白以后，冷笑道："那是因为你是被抓住的，而不是自己觉悟了。"她不听丁伟解释，对丁伟说："既然你爱的是别人，那咱们就离婚吧！明天上午去办手续！"说完，孙晓霞住进了儿子的房间，反锁上了门，留下丁伟一个人在客厅里发呆。

丁伟捶胸顿足，后悔自己笨得竟然把秘密放在老婆的眼皮子底下，等于是自我揭发。丁伟一夜没有睡觉，他怕第二天妻子起床后逼他去离婚，所以早早起床就离开家去了单位。

果然，到了上午9点多钟，孙晓霞就给他打电话，让他去民政局办离婚手续。丁伟在电话里哀求道："咱们再谈谈。"孙晓霞说："没有什么好谈的了。"丁伟说："你不能一棍子把人打死啊，还要给人说话和改正错误的机会。"孙晓霞想了想后说："好吧，你想谈就谈，谈完以后就去办离婚手续。"

他们见面以后，孙晓霞板着脸递给他两份离婚协议书，说他签完字两个人再谈。丁伟无奈只好签了字，但他签完以后把协议书抓在手中，谈条件说："咱们谈完以后，我把协议书再给你。"孙晓霞也不想在公开场合和他闹，便同意了。

丁伟为了留住孙晓霞，保住自己的婚姻，再次诚恳地做了检讨，还着重指出这件事已经过去一年多了，这一年来他把孙晓霞和儿子放在第一位，再也没有犯过错误。他痛哭流涕地希望孙晓霞给他一次机会，还温馨回忆了两人恋爱婚姻中的美好时刻。他说得孙晓霞也流下了眼泪。实际上，孙晓霞昨晚也一夜未睡。除了痛恨丈夫背叛了自己，也反思了两个人结婚以后的生活，也知道在生了孩子以后，自己把全部精力都放在孩子身上，对丁伟确实关心不够，两个人的交流日渐减少。孙晓霞仔细回忆，在丁伟出轨的那段时间，两个人因为生活琐事争吵不断，甚至还发生过肢体冲突。

经过仔细反省，孙晓霞觉得丁伟有婚外情自己也有责任。今天，再听到丁伟动人肺腑的表白，她也觉得不能轻易拆散家庭。于是，孙晓霞为了维系婚姻和家庭，就给丁伟指了一条出路，到公安局控告对方敲诈勒索，或者到法院起诉对方，要回10万元赔偿款，并给他两天时间考虑。

丁伟和妻子孙晓霞分开后，对于妻子的要求，丁伟如热锅上的蚂蚁，不知如何是好。本意上讲，他的婚外情已经平息，他不想再去捅这个马蜂窝。更何况，自己在单位大小还是个领导，这个丑事如果传出去会影响自己的形象。但是，如果自己不去告的话，孙晓霞肯定不会善罢甘休，到时她为了面子也会和自己离婚。最后，丁伟决定试一试，看能不能通过交涉从李红那儿把10万元要回来。

第二天，丁伟硬着头皮给李红打了电话，说："我妻子让我告你老公敲诈勒索，你看能不能把钱退回来，这事就算完了。"李红一口回绝道："钱一分也不会退给你，你是理亏自愿赔钱，你老婆如果再找我闹，我老公说还要让你赔钱。"丁伟在李红面前碰了一鼻子灰，通过协商方式要回钱的路行不通了。

第三天,孙晓霞给丁伟打电话,说两天时间已经过去了,问他考虑得怎么样了。丁伟吞吞吐吐地说:"这件事还是不要告了,我在单位好歹也是个领导,这样做会败坏我的名声,以后在单位怎么开展工作。"孙晓霞看到丈夫这时候仍然想的是他自己,就气得不听他解释,直接挂了电话。丁伟怕她一怒之下真去法院起诉离婚,就急忙打电话给孙晓霞,说:"你既然一定要告,咱们一起去公安局吧。"

丁伟拿着控告材料和孙晓霞一起去了派出所,民警接待后对他们说,通过这份协议看不出丁伟被敲诈勒索,只能证明丁伟基于婚外情愿意赔钱,息事宁人。如果他们认为这份协议违法,可以去法院打官司,警方不能介入经济案件和感情纠纷。

出了派出所的大门,丁伟无奈地问孙晓霞:"怎么办?"孙晓霞说:"你去法院打官司。"丁伟哀求道:"算了吧!这样会闹得满城风雨。"孙晓霞说:"你如果不愿意起诉,说明你还留恋过去,根本不想和李红彻底了断,那咱们就去离婚,这两个你选择一个。"丁伟内心叫苦不迭,为了安抚住孙晓霞,他只能去法院打官司。

● **丁伟醒悟难复合　法院判决促公正**

丁伟作为原告将李红两口子起诉至法院,称保密协议是在李红及丈夫威胁下签订的,10万元的赔偿金违法无效,请求被告返还赔偿金10万元并承担诉讼费用。李红和丈夫答辩称这是丁伟自愿赔偿的,并且已经过了法律规定的除斥时效(就是胁迫等可撤销的民事行为应当在一年内起诉,申请法院撤销协议),要求驳回丁伟的起诉。法院开庭的时候,丁伟不好意思出面,就聘请了一个律师代理诉讼。双方在法庭上各执己见,互不相让,法院无法居中调解结案。

庭审结束后不久,法官约谈了丁伟。法官指出,丁伟作为完全民事行为能力人,有权处置自己的合法财产。他在与被告李红发生婚外情以后,主动补偿了李红丈夫,这是他真实意思的表示,称被胁迫没有证据证实，同时，没有超出夫妻共同财产中他可以处置财产的相应份额，在时隔两年之后以胁迫为由主张撤销保密协议，法院很难支持。为此，他希望丁伟撤诉。丁伟一看打不赢，只好撤诉了。

孙晓霞得知丈夫官司打输了，非常生气，她认为丁伟开庭也不参加，是没有真心悔过，非要和丁伟离婚。丁伟怎么劝，她都不听。丁伟无奈之下和孙晓霞办理了离婚登记手续，孩子由孙晓霞抚养，他净身出户。

丁伟的婚外情经过这么一折腾，也传到了单位领导的耳朵里。领导为此约谈了丁伟，丁伟只好承认了自己行为不当，不再适合在管理岗位，他主动辞去了单位的职务。

丁伟一场婚外情，妻离子散，罢官免职，自己成了孤家寡人。不久，儿子学校的老师打来电话说，儿子在学校上课精力不集中，学习成绩在下滑，要求家长加强教育。丁伟知道都是自己惹的祸，就去孙晓霞的娘家探望孩子，发现孩子跟自己也不像以前那样无话不谈了，仿佛变了一个人。丁伟看在眼中，心如刀绞，他仔细反思自己的婚姻，觉得夫妻感情还没有完全破裂，孙晓霞之所以提出离婚，一个是为了她的自尊，另一个就是自己没有打赢官司，让孙晓霞误以为自己和李红还藕断丝连。解铃还须系铃人，要想挽回婚姻和家庭，就必须拿出实际行动。

于是，丁伟对孙晓霞说："官司我一定要打赢，咱们一起去律师事务所咨询，看看还有没有办法。"孙晓霞看到丁伟态度这么坚决，心中也有几分释然。于是，他们两个人一起去律师事务所咨询律师。

律师听了以后指出，此事有前因后果，丁伟和李红有婚外情在先，李红丈夫是受害人，双方就赔偿款有讨价还价的情节，加上签订了协议书，所以，控告对方敲诈勒索警方不会刑事立案。民事官司丁伟已经撤诉，因此，案件难度较大。孙晓霞不服地问："你的意思是我们打不赢这场官司了？"律师说："你们要改变思路，应该由你出面打官司，把丁伟和对方都作为被告人，这样你才能把钱要回来，因为你是本案的被害人。"

孙晓霞和丁伟听律师解释以后，经过商量决定按照律师的建议办。于是，孙晓霞聘请律师担任代理人将丁伟和李红夫妇告上了法院，主张保密协议无效，李红夫妻返还10万元并承担诉讼费用。丁伟答辩道，同意原告的诉讼请求。李红夫妻答辩提出，驳回原告孙晓霞的诉讼请求。

在法院开庭的时候，原告孙晓霞的代理人指出，李红丈夫利用丁伟和妻子的婚外情，逼迫丁伟赔偿10万元，这个行为违反了公序良俗；同时，丁伟一人对于夫妻共同财产也无权私自处置。所以，李红夫妻应当返还10万元。

丁伟承认10万元是自己瞒着孙晓霞偷偷支付给对方的，赔偿也不是出于自己的本意。

李红夫妻辩解称，根据孙晓霞和丁伟的离婚协议，这10万元属于丁伟可以处置的夫妻共同财产中他那一部分，并且丁伟是自愿赔偿的，因此主张保密协议有效，驳回孙晓霞的诉讼请求。

根据各方的观点，我们不难发现本案的争议就是夫妻共同财产的处置权如何理解？这实际上也是我们今天要讲的法律焦点。

● 法点释义：夫妻共同财产处置权 >>>

夫妻共同财产处置权，即夫妻一方处置共同财产的权利和范围。夫妻共同财产在夫妻双方没有实行约定财产制的情形下，夫妻对共同财产形成共同共有，而非按份共有。即夫妻对全部共同财产不分份额地共同享有所有权，无法对共同财产划分个人份额，在没有重大理由时也无权于共有期间请求分割共同财产。夫妻对共同财产享有平等的处理权，并不意味着夫妻各自对共同财产享有一半的处分权。因此，夫妻一方非因日常生活需要擅自将共同财产赠与他人的行为应为全部无效，而非部分无效。

本案中，丁伟没有经过孙晓霞同意就处分10万元，显然是无效的处分行为。李红的丈夫明知妻子与丁伟有婚外情，还以此为由要求丁伟给予赔偿，也违反了公序良俗，不是财产取得的善意第三人。最后，法院据此判决，保密协议违反公序良俗无效，李红夫妻在判决生效后10日内返还原告孙晓霞10万元。

● **法律链接**：日常家事代理制度 >>>

案发时法律规定：《中华人民共和国婚姻法》

第十七条第二款 夫妻对共同所有的财产，有平等的处理权。

《最高人民法院关于适用〈中华人民共和国婚姻法〉若干问题的解释（一）》

第十七条 婚姻法第十七条关于"夫妻对夫妻共同所有的财产，有平等的处理权"的规定，应当理解为：

（一）夫或妻在处理夫妻共同财产上的权利是平等的。因日常生活需要而处理夫妻共同财产的，任何一方均有权决定。

（二）夫或妻非因日常生活需要对夫妻共同财产做重要处理决定，夫妻双方应当平等协商，取得一致意见。他人有理由相信其为夫妻双方共同意思表示的，另一方不得以不同意或不知道为由对抗善意第三人。

民法典新规定：《中华人民共和国民法典》

2021年1月1日起施行的民法典，在第五编"婚姻家庭"中对日常家事代理制度作了规定，明确夫妻双方对家庭日常生活需要的财产处置行为均享有决定权，对超出家庭日常生活需要的财产处置行为享有知情权和同意权。这为夫妻财产处置纠纷提供了法律救济途径，为法院受理和裁判此类案件提供了法律依据，弥补了婚姻法的空白，扩大了夫妻关系平等的范围，有利于推动婚姻家庭关系朝着法治和文明的方向发展。

第一千零六十条 夫妻一方因家庭日常生活需要而实施的民事法律行为，对夫妻双方发生效力，但是夫妻一方与相对人另有约定的除外。

夫妻之间对一方可以实施的民事法律行为范围的限制，不得对抗善意相对人。

让我们再回到案件本身，法院的判决生效后，李红夫妻无奈履行了还款义务。丁伟将10万元也给了孙晓霞，他对孙晓霞说："现在你看到我真心实意了，你就是不复婚，我也问心无愧了。"孙晓霞心情复杂地看着丁伟，知道他在努力弥补感情上的裂痕，就对他说："你给我时间考虑一下。"

丁伟天天盼望前妻孙晓霞早日带儿子回家，他开始像谈恋爱时那样去追求孙晓霞，每天放学都去学校接儿子，回家给孙晓霞和儿子做好吃的。孙晓霞嘴上虽然没有说什么，但是心里的坚冰已经被丁伟的温情融化。不过，孙晓霞现在还不想原谅丁伟，她还要观察一段时间，看看丁伟是否真正吸取了婚外情的教训。

丁伟因为这场婚外情，搞得身心受伤，妻离子散，声名狼藉，付出了惨痛的代价，何时能与妻子破镜重圆还是一个未知数。丁伟固然是婚姻的过错方，但是妻子孙晓霞也应该意识到，无论什么时间，都需要用心经营自己的婚姻，夫妻关系永远是家庭关系的首位，幸福美满的家庭生活源于夫妻恩爱。

夫妻之间本应平等相待、相互信任，然而，丁伟却有了婚外情人这个不可告人的秘密，还偏偏被他妻子孙晓霞发现，在连续打了两场官司后孙晓霞才维护了夫妻共同财产。这是因为以往婚姻法只有原则的规定，而没有具体的内容。这次我国民法典对于夫妻共同财产处置权的新规定，有助于保护婚外情中受损害一方的财产权利，警示了出轨者的任意处置财产行为，这有助于维护夫妻关系和家庭的稳定。

姐 妹 调 包

◇ **关键词**：不当得利

2015年5月一个星期六晚上，王鹏和夏小燕夫妻正在家看电视，突然丈夫王鹏跳了起来，激动地指着电视对妻子说："中奖啦！"夏小燕有些不解地看着他，只见王鹏拿出一张彩票指着正在播放的彩票开奖画面："你买的彩票中奖啦！"看到自己买的彩票在丈夫手中，夏小燕吃惊地睁大了双眼……

● **彩票中奖添烦恼　幸福之家遇变故**

看到妻子夏小燕一脸困惑，王鹏解释说："我上午去买菜没零钱，从你钱包里拿钱时发现了这张彩票，就是这张彩票中奖了。"他上前抱住夏小燕兴奋地叫道，"老婆，咱们发财啦！"夏小燕的表情仍然有些尴尬，不相信地问："真中了？"仿佛眼前这一切不是真的，再看到丈夫如此兴奋，也不得不迎合着笑了起来。王鹏一算奖金有20多万元，马上掰着手指头开始安排用途。夏小燕说："这钱是意外之财，咱们还是不要用吧。"王鹏不以为然地看着她："这是你拿钱买的彩票，又不是捡来的，为什么不能用？"夏小燕听了也不知说什么好。王鹏马上做主说："咱家正好要换房子，就用来买房子吧。"

丈夫王鹏犹如打了兴奋剂，天天沉浸在中奖的喜悦中；妻子夏小燕则很平静，仿佛不是自己而是别人中了奖。王鹏夸奖她沉得住气，是做大事的人，所以才能中大奖。不久，王鹏拖着夏小燕去彩票中心把奖金领出来，然后又去看楼盘谈价格，把奖金全部用于买房了。但是，王鹏没有想到，新房子买完后，竟然惹来了一场官司。

那是房子买好后两个多月，夏小燕的姐夫陈雷给王鹏打电话，问他家房子买好了没有？王鹏高兴地回答："买好了。"陈雷马上问："你们借我的钱什么时候还啊？"王鹏一头雾水："姐夫，我家什么时候向你借钱了？"陈雷立刻不满了："你不要赖账啊！我买彩票中奖的钱，你们家买房子借走了。我现在要投资买股票，你们得赶快把钱还给我。"王鹏顿时火冒三丈："姐夫，我赖你什么账？那是夏小燕买彩票中的奖，你是不是想发财产生幻觉了？"

原来，夏小燕的姐夫陈雷受过工伤，救治后虽然捡回来一条命，但是他脊椎骨和神经系统受到严重创伤，腰部以下没有知觉，天天以轮椅为伴。他为此怨天尤人，天天在家找事，拿夏小燕的姐姐夏小菲出气。所以，王鹏知道他脾气暴躁，情绪不好，现在又突然向他要彩票中奖的钱，把自己妻子中奖的事当成他中奖了，这不是没事找事吗？于是，王鹏就说出了上面的话。陈雷听后警告他："你们如果不还钱，我就打官司告你们。"王鹏冷笑一声："随你的便。"

妻子夏小燕下班回家后，王鹏把陈雷打电话要钱的事跟她说了，然后讲："我觉得他现在神经不正常了。"夏小燕马上回应道："肯定不正常，正常人不会像他这样。他听说咱们中奖了就幻想成他中奖了，回头我去和我姐说说。"

王鹏原本以为这是陈雷的恶作剧，不想跟病人一般计较，所以很快就忘了这件事。没有想到十几天以后，他竟然收到了法院的传票，他和夏小燕成了被告。告他们的人不是别人，正是姐夫陈雷。王鹏一下子蒙了，陈雷凭什么告我们呀。待他看完具体内容后，更是被搞得一头雾水。陈雷在诉状中称，夏小燕将自己中奖的彩票拿走，然后和王鹏一起把奖金领出购房。经过原告多次催要，二被告一直拒不还款，还否认借款买房的事实。为此，要求他们返还中奖奖金26万元和利息，并承担诉讼费用。

收到法院的诉讼文书，王鹏不敢再轻视了，这到底是怎么回事？明明是妻子买彩票中的奖，为何陈雷跳出来说妻子把他中奖的彩票拿走？这张彩票背后到底有何蹊跷？

王鹏仔细回想彩票中奖那天，妻子夏小燕好像对彩票中奖很吃惊，也不主张花这笔钱，她一反常态对中奖不兴奋，现在看这里面肯定有问题。等妻子夏小燕下班回家之后，王鹏把诉讼文件递给她，问到底是怎么回事？夏小燕看后沉默了片刻，承认中奖的彩票确实是姐夫陈雷的。王鹏不相信："他的彩票怎么在你这儿？"夏小燕听后没有回答。王鹏猛然想起那天晚上夏小燕没有回家，她说是去朋友家了。然后，第二天早上她带回来了这张中奖彩票。这说明夏小燕和姐夫陈雷在那天晚上见面了，否则，陈雷的彩票怎么可能在妻子身上，他俩之间是不是有什么事？这样一想，王鹏心里猛地一沉。但是，不管他如何追问，夏小燕就是不说她为什么拿了陈雷的彩票，只是向他保证她与陈雷没有任何关系。王鹏怀疑夏小燕给他戴了绿帽子，一气之下和妻子开始了冷战。

妻子夏小燕为何对彩票中奖的事情守口如瓶，王鹏百思不得其解，他决定打电话去问妻子的姐姐夏小菲。夏小燕和夏小菲是双胞胎姐妹，两人就像一个模子刻出来的，不仅外形神态一样，就连声音也难分彼此。她们姐妹俩的感情很好，当年姐夫工伤住院前后，夏小燕跟着姐姐夏小菲照顾了姐夫一年多，难道妻子是在照顾姐夫过程中与他有了关系？考虑到妻子姐妹俩关系非常密切，王鹏认为妻子的姐姐夏小菲一定会知道彩票的秘密。于是，王鹏打通了妻姐的电话。夏小菲听完王鹏的怀疑之后，跟他解释说："这件事三言两语说不清，但是，小燕跟你姐夫肯定没有任何问题，这个我可以向你保证。"王鹏不解："如果他俩没有关系，这张彩票怎么会在夏小燕的手中？"夏小菲支支吾吾，也没有说清陈雷的彩票为什么会在夏小燕的手中。

连双胞胎姐姐夏小菲也含糊其词，不交代事情的原委，王鹏更坚定了夏小燕与姐夫有染的想法，他觉得自己生活在一个巨大的阴谋中，为此向夏小燕提出来离婚。夏小菲得知这个消息后，马上赶到妹妹家进行调解。夏小燕哭诉王鹏疑神疑鬼，这日子没法过了。王鹏立刻反驳道：

"不是我疑神疑鬼，而是你做了对不起我的事，害得我丢人现眼。"他们两个人说着说着，就当着姐姐夏小菲的面吵了起来。夏小菲看到自己劝不通妹夫，和妹妹夏小燕对视了一眼，心一横就对夏小燕说："你跟他说实话吧。"于是，夏小燕就把中奖彩票的来龙去脉告诉了王鹏……

● 红杏出墙有因果　姐妹调包惹纷争

原来，当年陈雷工伤出院后下半身截瘫，终生要以轮椅为伴，起居都要依赖妻子。绝望之下他天天跟姐姐夏小菲闹，搞得家里没有安宁的时候。夏小菲感到活得很累，身心十分疲惫，她渴望有个肩膀可以让自己依靠。就在这时，一个男人走进了夏小菲的生活，成了她的情人。

2015年5月的那个周末，情人邀请夏小菲一起去郊区度假。夏小菲听后左右为难，她既不忍心把丈夫丢在家里，又不想失去和情人单独相处的机会。思前想后，她决定让妹妹夏小燕冒充自己一晚上。因为她们姐俩长得非常像，常常被别人认错。于是，姐姐夏小菲就把自己有情人的事说了。夏小燕虽然有些吃惊，但是也在她预料之中，毕竟这些年姐姐夏小菲一个人照顾姐夫和家里，早就被姐夫折磨得身心俱疲，她曾经预言姐姐夏小菲和姐夫陈雷早晚得离婚。

不过，夏小燕对姐姐夏小菲让她调包去照顾姐夫，还是有些为难，自己有家有口不说，姐夫上半身还能活动，他毕竟是个男人，一旦对自己有亲热的举动怎么办？可是，拒绝姐姐她又说不出口。夏小菲看出夏小燕为难的表情，安慰她说："没问题，你姐夫整天在家跟我闹，我们基本上不说话，也不住在一个屋里，你可以晚点去，他不会对你怎么样的。"为了至亲的姐姐夏小菲，夏小燕决定帮忙。她向丈夫王鹏撒谎说朋友家有事，晚上就去了姐姐夏小菲家。

赶到姐姐夏小菲家门口，夏小燕没有勇气进门，她心想姐夫和姐姐生活这么长时间，怎么可能看不出来她是假冒的，在犹豫了好长时间后，她才开门进屋。陈雷以为妻子回来了，仍然在屋里玩电脑，连句问候话都没有。夏小燕暗暗松了口气，洗漱完毕进卧室前对姐夫说："我先睡觉了。"姐夫看了看她，也没有认出来。

夏小燕关上房门，心神不定地躺在床上，很久睡不着觉，直到听见姐夫洗漱和上床睡觉的声音，她才完全放松下来，最后迷迷糊糊睡着了。

第二天早上，夏小燕正要出门回家，姐夫在书房里对她说："桌子上有我挑的彩票号码，你今天去买了。"夏小燕看到桌子上有钱和一张写着号码的纸片。她答应了一声，拿着钱和纸片快速离开姐姐夏小菲家，路上在彩票销售点打出彩票，然后回到了自己家，准备等姐姐夏小菲回来后把彩票交给她。可是，还没等姐妹俩抽出时间见面，夏小燕的丈夫王鹏就发现了这张彩票，并且知道中了大奖，幸福地计划着如何使用奖金。就在夏小燕焦虑地不知如何阻止丈夫的时候，第二天姐姐夏小菲打来电话说，姐夫知道彩票中奖了，催她拿彩票去领奖金。

这下，孪生姐妹俩彻底傻眼了，一旦告诉两个男人实情，势必导致夏小菲的婚外情大白于天下；如果瞒着不说，夏小燕的婚姻就有可能破裂。到底该怎么解决这个棘手的问题呢？还没等夏小燕姐妹俩想出合适的办法解决这个难题，夏小燕的丈夫就立刻出手，用这些奖金买了一套房子。

眼看着彩票中奖的事越来越复杂，姐妹俩谁也不敢跟自己的老公说实话，商量来，商量去，决定先拖一段时间再说。

姐姐夏小菲回家向丈夫陈雷解释说，妹妹前一段时间要借钱买房子，自己把中奖的彩票给她，让她兑奖先用了。陈雷心里虽然不高兴，但是想想夏小燕两口子在他受伤后尽心竭力地照顾他，也不好意思明确表示反对。于是，孪生两姐妹就像鸵鸟一样，以为可以拖下去再想办法解决。没有想到，陈雷突然向王鹏要钱并打起了官司，这件事想隐瞒也隐瞒不住了。

夏小燕把调包计的经过告诉了王鹏，夏小菲马上把责任全部揽到自己身上，说这件事都是她安排的，跟妹妹夏小燕没有关系，希望王鹏能够谅解她。

王鹏听后非常生气，姐姐夏小菲竟然让妻子为她的婚外情打掩护，让自己误以为妻子彩票中奖，空欢喜了一场不说，现在竟然被姐夫陈雷告上了法院。陈雷现在要钱自己肯定拿不出来，还不了钱还要丢人现眼，这个后果他无论如何不想承担。于是，王鹏不满地对姐姐夏小菲说："你这样做差点把我家拆散。既然你说是你的责任，那我相信你，可以不和小燕离婚，但是奖金我不能还给你们，你自己想办法解决，这是夏小燕假冒你陪姐夫过夜的代价。"夏小菲听了以后无言以对，夏小燕也不敢劝丈夫还钱。现在，妹妹两口子虽然不闹离婚了，但是，还钱的事不解决，法院的诉讼还得继续进行。

● 法断是非明事理　家庭复合添祥和

姐姐夏小菲劝和了妹妹和妹夫，她知道钱不还这件事仍然无法解决。长痛不如短痛，与其瞒不住的时候事情败露，还不如主动向丈夫陈雷说明情况，不管是什么后果自己做事自己担。于是，姐姐夏小菲回家向丈夫陈雷坦白了事情经过，也如实交代了丈夫有病后的吵闹已经让她精神濒临崩溃。她万万没有想到，陈雷听后一反常态地没有发火，反而说自己要冷静思考一下。

其实，陈雷不发火的时候也是个明白人，他知道妻子有婚外情不单是生理上的原因，还有自己暴躁的态度在驱赶她离开自己。尽管妻子有婚外情对他来讲不堪忍受，但是自己再也不能给妻子幸福，还要拖累她一辈子。在冷静思考之后，陈雷告诉夏小菲："如果你与情人分手，咱们还和好如初；如果你跟我不幸福，我同意和你离婚。但是，夏小燕和王鹏拿走的钱，是我精心挑选号码中的奖，这个钱必须要回来。"

夏小菲和陈雷的感情纠葛也暂时平息了，但是，由于陈雷不愿意撤诉，王鹏又不想还钱，法院为此开庭进行了审理，同时追加姐姐夏小菲为共同原告。

在法庭上，他们四个人向法官如实讲了事情的真实经过。法官当庭指出根据这些事实，本案的性质不是借款纠纷而是不当得利纠纷。陈雷说由于自己误认夏小燕是妻子,交代她代买彩票。现在他们兑奖后钱不给他,实际上是不当得利,应当返还给他本金加利息。王鹏不愿意还钱,说陈雷不可能认不出来夏小菲和夏小燕,他把钱和挑选的彩票号码给夏小燕,实际上是对夏小燕照顾他的酬谢,法律上这是馈赠,他们不应当返还。那么,讲到这里,夏小燕和王鹏拿这笔钱有法律依据吗?这就是我们要讲的法律问题:不当得利。

● 法点释义:不当得利 >>>

不当得利,是指没有合法根据,使他人受有损失而自己获得的一种利益。成立要件是一方取得财产利益导致另一方受损失,取得利益与所受损失间有因果关系,并且没有法律上的根据。不当得利发生后,在不当得利人与利益所有人之间产生了债的权利义务关系,即利益所有人有权请求不当得利人返还不应得的利益,不当得利者有义务返还。

● 法律链接: >>>

案发时法律规定:《中华人民共和国民法通则》

第九十二条 没有合法根据,取得不当利益,造成他人损失的,应当将取得的不当利益返还受损失的人。

民法典新规定:《中华人民共和国民法典》

2021年1月1日起施行的民法典,在第三编"合同"的第三分编准合同第二十九章中用四个条文规定了不当得利,完善了不当得利的法律规定,明确了善意得利人和恶意得利人以及第三人的法律责任。

第九百八十五条 得利人没有法律根据取得不当利益的,受损失的人可以请求得利人返还取得的利益,但是有下列情形之一的除外:

(一)为履行道德义务进行的给付;

(二)债务到期之前的清偿;

(三)明知无给付义务而进行的债务清偿。

第九百八十六条 得利人不知道且不应当知道取得的利益没有法律

根据，取得的利益已经不存在的，不承担返还该利益的义务。

第九百八十七条 得利人知道或者应当知道取得的利益没有法律根据的，受损失的人可以请求得利人返还其取得的利益并依法赔偿损失。

第九百八十八条 得利人已经将取得的利益无偿转让给第三人的，受损失的人可以请求第三人在相应范围内承担返还义务。

我们以此对照本案，夏小燕是受姐夫陈雷委托买彩票，不是陈雷送给她的彩票。王鹏所谓照顾陈雷获取报酬的说法，在当事人之间并没有形成共识。法院经过审理后认为，原告陈雷基于重大误解，将被告夏小燕误认为是妻子夏小菲，遂把钱交给她代为购买已经确定号码的彩票，而后彩票中奖，被告王鹏领取奖金的行为没有事实和法律依据，已经构成不当得利。由于原告陈雷和夏小菲是夫妻，该笔财产属于夫妻共同财产。故判决被告王鹏、夏小燕返还原告陈雷、夏小菲中奖奖金本金，驳回了原告陈雷要求支付利息的请求。

法院的一审判决作出后，被告夏小燕和王鹏并没有上诉。但是，大奖已经成了水中花，他们必须筹钱归还，由此家庭矛盾再起。王鹏觉得妻子夏小燕为帮助姐姐夏小菲不惜无原则做出这么荒唐的事，以后背着自己指不定还会做出什么事情，为此又要求和夏小燕离婚。

夏小燕看到自己的后院又起火了，就找到姐姐夏小菲责怪她，说自己为了她就要家庭解体了，正是姐姐夏小菲当初不负责任的决定害了自己，要求姐姐夏小菲必须负责解决这场纠纷。

满怀歉疚之情的姐姐夏小菲为了挽救妹妹的婚姻，和丈夫陈雷促膝谈心解开了心结，表示自己要斩断婚外情，一心回归家庭。陈雷承认自己也有责任，既然自己家庭和睦了，不愿意看到妹妹家硝烟四起。为此，陈雷决定不向法院申请强制执行判决书，愿意两家平分这笔彩票中奖的奖金。

姐姐夏小菲用轮椅推着陈雷来到妹妹夏小燕家，把丈夫作出的奖金处理决定告诉他们，再次真诚地道歉说责任都在自己。王鹏看着这一切，也表示自己确实有些赌气，如果和夏小燕真离婚了，他一定会后悔的，明确表示不会和妻子离婚。就这样，他们四个人都解开了心结，两个家庭也都逐渐恢复了往昔的平静，这出荒唐的孪生姐妹调包计画上了一个美好的句号。

犹如月有阴晴圆缺，人生也总是有缺憾的。姐姐夏小菲的幸福生活止于丈夫的受伤，夏小燕的婚姻差点毁于编造的谎言，调包计的失策不单是彩票恰巧中奖，其隐含的内在意义是假象必被真相揭开。所以，出现问题的家庭不能回避问题，而应当面对现实考虑如何解决问题，这就是本案给我们的启示。

双子两爸

◆ 关键词：非婚生子女

2011年春季，一天晚上9点多钟，一个中年男子怀抱婴儿冲进医院急诊室，见到医生他就急切地哀求："快救救我儿子，快救救他！"医生看到孩子面色苍白、喘气急促，情况危重，就立刻对患儿进行救治。这个中年男人叫陈浩，他抱的婴儿是他双胞胎儿子中的小儿子。刚刚出生两个月就得了病，他万万没有想到这场救治竟然拆散了他的家庭……

● 血疑困扰做鉴定　幸福家庭起波澜

医生检查发现患儿心率增快和低血压，诊断结论是新生儿贫血，需要进行输血。陈浩一听毫不犹豫地伸出胳膊对医生说："输我的血吧。"医生安慰他说："你不用着急，我们输血要按照规范进行，不像你想得这么简单。"新生儿很快就输上了血，陈浩看到儿子逐渐安稳下来，心里一块石头落了地，他打电话向妻子马丽说了情况，让她不用担心。

在观察室里，陈浩看着儿子的小脸浮现出了红润，不禁看了一下血袋，突然发现医生给小儿子输的是A型血。看后陈浩一怔：A型血？他和妻子都是O型血，儿子为什么是A型血呢？他心中感到疑惑，见到护士便请教道："我和老婆都是O型血，儿子为什么是A型血？"护士看了他一眼："你是不是弄错了？如果你们两口子都是O型血，你儿子只能是O型血，不可能是别的血型。"护士走了以后，她的话仍然在陈浩的耳旁回响。儿子的血型不对？为什么？难道他不是我的儿子……陈浩不敢往下想了。

陈浩直盯盯地看着自己的小儿子，眉毛、鼻子、眼睛、嘴巴、耳朵，他哪儿像自己呢？他越看越觉得小儿子不像自己，他开始从儿子出生时间推算马丽怀孕的时间。这一推算，他发现那段时间他经常在外面出差，这两个孩子是不是自己亲生的还真不能确定。他进而想到，自己性格内向，妻子马丽性格外向，她经常在网上和网友聊天，甚至还以老婆老公互称。陈浩一对此表示不满，马丽就理直气壮地说："你平时寡言少语，我上网是为了开心。你不要小心眼，网络是虚拟的。"难道妻子红杏出墙了？一片浓重的阴云浮上了陈浩的心头。

老实人心里不能装事，越装心理负担越重。为了解开埋在心里的疙瘩，陈浩决定偷偷带小儿子去做亲子鉴定。于是，他利用带小儿子去医院看病的机会，到亲子鉴定中心进行了鉴定。在忐忑不安地等待鉴定结果时，他在妻子马丽面前装得若无其事。终于，他等到了鉴定中心通知领取鉴定结果的电话。陈浩拿到鉴定报告以后，先深吸了一口气自我镇定一下，然后才把报告打开。只见上面清清楚楚地写着，他与小儿子没有亲子关系。虽然心中早就有了不详的预感，但是看到报告之后，陈浩仍然感到遭受了晴天霹雳。

他怒气冲冲地回到家，把鉴定报告扔在妻子马丽面前，气愤地说："你跟谁干的好事！竟然让我给别人养儿子！"马丽不知陈浩为什么发火，急忙打开报告。看后她惊呆了，立即哭喊道："陈浩，你太没有良心了！我在家帮你带孩子，你竟然怀疑我不忠，背着我做亲子鉴定。我告诉你，我对得起你，也对得起这个家。这个报告肯定是错的，我要重新做亲子鉴定。"说着，马丽伏在床上痛哭，两个双胞胎儿子也被惊动，一齐放声大哭。陈浩看着马丽发自内心的痛苦神情，也觉得她虽然性格活泼，但是也不像给别人生私生子的人。难道鉴定报告真错了？

● **鉴定洗冤夫认错　情人登门泄私情**

马丽哭得死去活来，感觉自己人格受到了巨大屈辱；陈浩虽然内心的怀疑有所动摇，但是鉴定报告上白纸黑字写得很清楚，他还是执着地要求马丽给他一个说法。马丽也毫不含糊，说要带着两个儿子和他一起去做亲子鉴定，一定要把这件事搞得像小葱拌豆腐——一清二白。

陈浩想着小儿子已经和自己做了亲子鉴定，不用让他再遭两遍罪了，就决定和马丽带着大儿子一起去做亲子鉴定。马丽说她不相信陈浩去做鉴定的那家医院，要自己选一家鉴定机构。陈浩欣然答应。

不久，陈浩拿到了鉴定报告，上面写着他与大儿子之间存在亲子关系。既然大儿子是他的，作为双胞胎的小儿子自然也是他的，说明第一家鉴定中心所做的鉴定确实错了。陈浩冤枉了妻子马丽。

陈浩回到家以后，满脸愧疚地向马丽诚恳道歉，承认上一家鉴定中心搞错了，他冤枉了妻子，明天他就去找他们算账。马丽看到自己的冤屈洗清了，丈夫也赔礼道歉了，态度自然和缓了许多。她劝陈浩说："算了吧，把事情搞得满城风雨，你不嫌丢人我还怕丢人呢。吃一堑长一智，以后你只要不再疑神疑鬼就行了。"她开导陈浩："我只希望咱们的两个儿子能健康成长，家和万事兴啊。"陈浩深以为然，用力地点了点头。这场家庭风波终于过去了。

经历了亲子鉴定风波以后，小儿子的血型之谜虽然没有破解，但是陈浩已经不疑心马丽背叛他了。他总觉得自己对不起马丽，几乎包揽了家里所有的家务活，对双胞胎儿子和妻子照顾得无微不至。

转眼间，一年多过去了，他们夫妻举案齐眉，日子过得和谐美满。陈浩每天下班回到家中，看着活泼可爱的双胞胎儿子，不管身体多累，心里都是美滋滋的。

一个双休日的早上，阳光明媚。陈浩起床后对马丽说："你再睡一会儿吧。爷爷奶奶想孙子了，我把他们送过去，你也轻松一下。"陈浩带孩子到了爷爷奶奶家，二老看到两个大胖孙子欣喜不已，要把他们留在身边几天。陈浩看到父母可以照顾两个孩子，就同意了。中午吃完饭以后，他一人回到了家中。

陈浩一进门，看到一个陌生的男子坐在家中。那个男人看到他立刻起身热情地迎上前说:"陈大哥吧,你回来了。"陈浩一头雾水,只好应酬着说:"是,你坐吧。"

这时候,马丽端着一杯茶水从厨房里走了出来,看见陈浩以后表情似乎有点尴尬。她对陈浩介绍说:"这是刘文刚。"刚要介绍陈浩,刘文刚马上抢话说:"大哥你不用介绍了,我们已经认识了。"陈浩看到刘文刚见面是个自来熟,而他不善于和生人应酬,就进卧室看电视去了。陈浩耳旁不断飘来马丽和刘文刚的谈笑风生,刘文刚嗓门大,说话明显带有亲昵暧昧的意思。陈浩听了心里有点烦,就不时从卧室里探头向外看。马丽用眼角余光看到了陈浩的表情,坐卧也有些不自然。陈浩虽然心中不快,但是刘文刚毕竟是客人,他不好当场发作。

就在这时,陈浩家的电话响了,他接听电话以后说:"好,我们马上过去。"挂线后,陈浩对马丽说:"爸妈让咱们去接儿子,他们太闹腾了。"然后,转身对刘文刚说:"不好意思。"刘文刚站起身笑着说:"噢,没事,我明天再来。"说完,他拥抱了一下马丽,告辞离开。

刘文刚走了以后,陈浩质疑地盯着妻子,还没有张口问,马丽就主动对他说:"这是我以前的网友,平时没有什么往来,他刚从国外留学回来。"来往不多的网友竟然当着丈夫的面拥抱妻子,如果是来往多的话,他们之间指不定会发生什么事了。陈浩心里久久不能平静,但是他已经有了一次冤枉妻子的教训,面对举止暧昧的刘文刚自己也不敢妄下结论,只能把疑问埋在心里,外表装作毫不在意。他对马丽说:"我回家帮爸妈带孩子,你在家好好休息,我明天下午带儿子回来。"

第二天上午,陈浩在父母家想起刘文刚昨天临走时说的"我明天再来",他会不会今天又去自己家了?这样一想,陈浩就想立刻回家。他对父母说:"我回家给儿子拿件衣服,免得下午回去着凉了。"陈浩急匆匆地赶回自己家,在掏钥匙开门之前,他突然多了一个心眼,为了查证马丽与刘文刚有无暧昧关系,决定先趴在门缝听听动静。没想到,他这一听还真听出了端倪。陈浩听见刘文刚说:"来吧!来吧!"马丽低声婉拒道:"不行!我现在已经有了孩子。"陈浩心中觉得不对,马上把门打开。只见马丽和刘文刚站在家中卧室门口,感觉那一瞬间他们都不敢对视他的眼睛。刘文刚笑着对他说:"陈大哥,我刚参观了一下你家。我一会儿还有事,先走了。"说着,就快步离开陈浩家。

陈浩到卧室查看,发现床单上有皱褶。马丽坐在沙发上低着头,陈浩上前质问她:"你和刘文刚是什么关系?"马丽低头不语,陈浩更加烦躁,他低声吼道:"我在门外都听到了,你们到底干了什么?"这时,马丽哽咽着说:"陈浩,我错了,我对不起你。"随着马丽的讲述,丈夫陈浩得知了一个惊人的秘密。

他们婚后不久,由于两个人性格相差悬殊,马丽逐渐觉得与陈浩的婚姻是个错误,单调的家庭生活就像牢笼。每天回家面对无情趣的老公和柴米油盐酱醋茶,离婚吧,刚结婚就离婚,父母这一关就过不去;不离婚吧,刚结婚就被埋在坟墓里,这日子何时是个头?孤独寂寞中,马丽在网上认识了刘文刚。刘文刚风趣幽默,浪漫激情,自从认识了他,马丽的生活顿时变得五彩斑斓。两人在交往中产生了感情,马丽决定和陈浩离婚嫁给刘文刚,于是,她与刘文刚跨越了朋友的界限。但是,还没有等马丽提出与丈夫离婚嫁给他,刘文刚就告诉马丽他要出国留学了,估计很长时间不能回来。结果,刘文刚说走就走了,根本没有给马丽倾诉衷肠的机会。看到自己心仪的白马王子只是个情种,估计将来过日子也好不到哪里去,马丽就把离婚结婚的念头埋在了心底。

后来,马丽怀孕了,她对家庭和责任有了新认识,后悔自己曾经的出轨行为,不过庆幸没有被丈夫陈浩发现,她决定今后不再好高骛远,要脚踏实地过日子。但是,她没有想到刘文刚出国一年多心中还没有忘记她,从国外一回来就约她见面,马丽觉得不妥就拒绝了,没有想到刘文刚竟然跑到她家来了,想和她鸳梦重温。无巧不成书的是,他两次来家都被陈浩碰上。看到私情瞒不住了,马丽只好向丈夫如实招供。

陈浩听完之后,脸气得通红,狠狠地说:"去年我偷偷去做亲子鉴定你还装模作样冲我发火,原来真正的傻瓜是我,被你戴了绿帽子不说,还任劳任怨地替你的情人养孩子。"马丽听了陈浩的话,情绪又变得异常激动起来:"犯错的是我,你不要扯到孩子身上。孩子是你的,鉴定中心已经鉴定过,不能因为我的错你就连自己的儿子都不认。"陈浩不相信:"我的儿子?我看不一定吧。"说完,便摔门而去。

● 风暴再起又鉴定　双子两爹家离析

妻子马丽承认了出轨的事实,陈浩心中关于儿子的血型疑问再起。他把刘文刚和两个儿子的外貌在心中进行了比较,越想越觉得两个儿子和刘文刚长得像。大儿子鉴定是自己的,小儿子鉴定不是自己的,两个亲子鉴定到底哪一个才是对的呢?陈浩越想越不放心,决定再带孩子去做一次亲子鉴定。

回家之后,陈浩对哭红眼睛的马丽说:"你以前出轨的事情我可以不予追究,但是,我不能替别人养孩子。咱们得带两个孩子再去做亲子鉴定。"这时,马丽已经没有资格谈条件了。

第二天,他们带着双胞胎儿子一起去做了亲子鉴定。陈浩和马丽都在默默地等待着鉴定结果。他们的内心世界波澜起伏,决定他们夫妻命运的,就是这一纸鉴定文书。

自从再做亲子鉴定之后,陈浩就住在了父母家里,看孩子时夫妻俩也无话可说。等到拿鉴定结果的那天,二人不约而同地来到鉴定中心,看完鉴定结果他们都惊呆了,这个结果超出了所有人的意料。结论显示,大儿子是陈浩的儿子,小儿子与他没有亲子关系,也就是说,这两个双胞胎不是一个父亲的,双胞胎怎么会不是一个父亲?夫妻俩面面相觑,不知何故。鉴定人员告诉他们,"双胞胎同母异父"的情况的确存在,但是概率只有几百万分之一。双胞胎分为两种,同卵双生和异卵双生,前者是由一个受精卵分裂形成,后者则是同时有两颗卵子受精形成受精卵。鉴定人员继续解释说,精子的存活时间为 72 小时,卵子在体内保存的时间是 48 小时,这就意味着如果女子在排卵前后 72 小时之内先后和不同男子发生关系,而此时她同时排出两颗卵子,则可能先后与不同的精子受精,这样就会出现双胞胎同母异父的情况,国外已经有多个实例。听完鉴定人员的讲述，陈浩终于明白，双胞胎儿子为什么不是一个爹，原因就在于妻子在两天之内，分别与他和另外一个男人同房，从而导致怀孕。那个男人应该就是妻子的情人刘文刚。

陈浩和妻子马丽走出医生的办公室，陈浩无奈地苦笑道："我还没有完全当雷锋，至少还有一个儿子是我的。"马丽不知如何回答，抬眼小心翼翼看看陈浩说："对不起！"陈浩看着她幽幽地说："现在说什么都晚了，咱们离婚吧。"

不久，陈浩和马丽协议离婚。陈浩抚养大儿子，马丽抚养小儿子。离婚以后，马丽拿着鉴定报告找到刘文刚，要求刘文刚和自己结婚，承担小儿子的抚养费。刘文刚莫名其妙地有了一个儿子，还被马丽逼婚，他顿时感到蒙了。刘文刚看完鉴定报告以后，对马丽说："这个鉴定结论只是说，小儿子与你老公不是父子关系，也没有说是我的孩子，凭什么让我抚养他？"马丽心知肚明，只有刘文刚是她的情人，小儿子不是丈夫的，肯定就是他的。她对刘文刚说："你如果不信这个孩子是你的，就与孩子做个亲子鉴定。"刘文刚一听马上同意："行，我不能不明不白地给人当爹。"于是，他和马丽带小儿子又到亲子鉴定中心做了一次亲子鉴定。最后，鉴定结论证明，刘文刚就是这个孩子的父亲。就这样，经历了4次亲子鉴定之后，终于搞清楚了双胞胎各自的生父。

陈浩和马丽离婚以后，心中仍然感到窝囊。他找到刘文刚，要求他承担孩子的抚养费和马丽生孩子时坐月子花费的一半。刘文刚本是花花公子，他既没有打算结婚，也没有打算要孩子。现在马丽给他空降了一个儿子，想赖账也赖不成了，只好答应和陈浩坐下来谈。成人犯了错，孩子本是无辜的。陈浩抚养两个儿子也有了感情，所以他通情达理，提出了一个不到5万元的公允价格。刘文刚心中对陈浩多少有些歉疚，看到这些费用比较合理，就爽快地把钱给了陈浩。

这场妻子出轨引发的法律风波基本上都解决了，就剩下刘文刚和马丽之间的问题了。当了单亲妈妈以后，马丽的生活并不如意，她天天催着刘文刚结婚，同时要求他承担儿子的抚养费。刘文刚看到马丽固执己见，便与她断了联系。无奈之下，马丽将刘文刚诉至法院，要求他支付孩子的抚养费用。

法院受理后，组织他们诉前调解。刘文刚表示不愿意承担孩子的抚养费，因为自己莫名其妙当上了父亲，自己也是个受害者。孩子出生没有经过他同意，所以他不承担法律责任。

根据刘文刚的辩解，本案的法律焦点就是非婚生子女的父母抚养子女是否可以附加条件？

● 法点释义：非婚生子女 >>>

非婚生子女，是指父母非婚姻关系所养育的子女，包括婚前、婚外性行为所生子女和养子女，有扶养关系的继子女以及人工授精所生的子女。

● 法律链接：非婚生子女法律地位 >>>

案发时法律规定：《中华人民共和国婚姻法》

第二十五条 非婚生子女享有与婚生子女同等的权利，任何人不得加以危害和歧视。

不直接抚养非婚生子女的生父或生母，应当负担子女的生活费和教育费，直至子女能独立生活为止。

民法典新规定：《中华人民共和国民法典》

2021年1月1日起施行的民法典，不但保护了非婚生子女的合法权益，还将生父生母抚养责任扩大至不能独立生活的成年非婚生子女，并对亲子关系异议规定了救济途径。

第一千零七十一条 非婚生子女享有与婚生子女同等的权利，任何组织或者个人不得加以危害和歧视。

不直接抚养非婚生子女的生父或者生母，应当负担未成年子女或者不能独立生活的成年子女的抚养费。

第一千零七十三条 对亲子关系有异议且有正当理由的，父或者母可以向人民法院提起诉讼，请求确认或者否认亲子关系。

对亲子关系有异议且有正当理由的，成年子女可以向人民法院提起诉讼，请求确认亲子关系。

根据新旧法律规定，非婚生子女与婚生子女有同等的权利，父母按照法律规定对子女有抚养教育的义务；父母不履行抚养义务时，未成年的或不能独立生活的成年子女，有要求父母付给抚养费的权利。经过法官的释明，刘文刚知道他作为生父对孩子的抚养义务是法定的，不以自己的意志为转移。既然义务无法逃避，他只得在法官主持下与马丽签订了承担抚养费的和解协议。

刘文刚明确表示他不愿意结婚，马丽只能自己带着小儿子独自生活。而陈浩因为怨恨马丽，拒绝她跟大儿子见面。就这样，双胞胎兄弟俩因为父母之间的矛盾而被迫分开。

经过4次亲子鉴定，骨肉分离，马丽为自己的过错付出了代价。在这场情感关系错综复杂的纠纷里，每个人都伤痕累累，而残缺的家庭必将给双胞胎未来的成长带来无法抹去的阴影。每个人的行为都会给自己和家庭带来影响，所以不能任意行事，这或许就是本案给我们的警示。

凶宅之谜

◆ 关键词：遗赠扶养协议

2011年夏季的一天晚上，唐静正在家中睡觉，忽然一阵急促的敲门声将她惊醒。她睡眼惺忪地从床上坐起来，伸手把床头灯打开，看了一下表已经半夜12点钟了。她嘴里嘟囔着谁大半夜的跑来敲门，然后走到门口不耐烦地问："外面是谁呀？"门外没有人应声，唐静心里更是不悦，边开门边问："谁呀？半夜敲门还不说话……"话还没有说完就吃惊地睁大了双眼……

● 老房突然成"凶宅" 诡异娃娃门上悬

唐静打开门一看，自己眼前一片昏暗，外面根本没有人。门打开以后，穿堂风刮了过来，她头顶上传来了叮当声，在寂静的夜晚显得单调诡异。唐静抬头一看，顿时吓得大惊失色，只见两个脖子上挂着铃铛的白布娃娃悬在门梁上，随风摆动摇晃着，四只黑黑的大眼睛直直地盯着她。

唐静"啪"的一声关上房门，吓得双腿打战发软。她脚步趔趄地跑进卧室叫醒丈夫王德刚。王德刚听后马上拿起手电筒，又到厨房拿了一把菜刀，然后小心翼翼地打开门。他发现除了头顶布娃娃身上的铃铛发出响声以外，整个楼道里面静悄悄的，并没有什么异常情况。

王德刚伸手把这两个布娃娃拽了下来，只见布娃娃两只黑眼睛画得很大，其他也无特殊之处，就把布娃娃扔进楼道里的垃圾箱内。回到房间以后，他告诉唐静："没事，你睡吧！可能是哪个小孩恶作剧把布娃娃挂在咱家门上了。"唐静躺在床上，浑身冰冷，看着高高的屋顶，感到房子里弥漫着阴森恐怖的气氛。她睡不着了，不由地想起过去的房客总是说这老房子是凶宅，里面闹鬼……

原来，这套位于一楼的老房子不是唐静的，而是她干爹刘大爷的。房子位于城区一条老街上，周围环境幽静。刘大爷的老伴儿很早就去世了，家中有二女一子。两个女儿成年后又相继死于意外，只剩下唯一的儿子刘兵。由于年幼时全家对他娇惯无度，长大后刘兵走上了犯罪道路，被判刑坐了10年牢。刑满释放后他也不务正业，对刘大爷不尊不孝，父子俩的关系几乎到了水火不容的地步。

唐静的父亲和刘大爷是老朋友，父亲去世以后唐静就把刘大爷当作自己的父亲对待。特别是在刘大爷的所有亲人遭遇各种各样的不幸之后，唐静常怀怜悯之心上门走访探望。随着年龄的增长，刘大爷日趋年迈，加上刘兵出狱后也没有给他带来晚年的温馨，他就主动提出和唐静签订遗赠扶养协议，由唐静担负起养老送终义务，他的财产遗赠给唐静。

遗赠扶养协议签订后，刘大爷就住进了唐静家，融入唐静温馨幸福的家庭环境中。唐静一家对于刘大爷也关怀备至，精心照顾他的起居饮食。刘大爷性格开朗，喜欢热闹，虽然住在唐静家好，但是唐静全家人白天都上班，他自己待着感到寂寞无聊。于是，他就和唐静商量要住到养老院去，那里老年人多，可以陪他下棋和聊天，自己也不会孤单寂寞。等到将来不能动了，再回到唐静家。唐静非常理解他的想法，就联系了市里条件最好的养老院把刘大爷送去，承担了费用并定期去看望他。

刘大爷去养老院以后，就把自己老房子的钥匙交给了唐静。唐静心想，房子空着也是空着，不如租出去挣点钱，可以贴补家用。在和刘大爷商量了以后，唐静就把老房子挂牌出租了。老房子虽旧但是地段好，没多久就有人来承租。可是，这个房客租了不到一周就要退租，说老房子里不干净，总闹鬼……

唐静怀疑是房客又找到了更合适的房子找借口退房，也懒得因为这点事和他理论，心想退就退吧，反正还可以再租出去。但是，她没有想到，接连几个房客都是住进去时间不长就要求退租，理由都是老房子里闹鬼，半夜三更电话铃响，接听后里面有人唱歌，但是，说话不应答。有邻居还告诉她说，这个房子里曾经横死过两个女人，是个阴宅鬼屋，很不吉利。唐静听后感到不可思议，她从小就经常住在干爹家里，虽然干爹两个女儿是意外死亡，但是从来没有听说老房子闹过鬼，怎么就莫名其妙成了"凶宅"呢。唐静心里不信邪，决定搬进老房子里住，把自己现在住的房子租出去。于是，她和丈夫王德刚就搬进了老房子。没有想到，竟然也遇到了门梁悬吊布娃娃的诡异怪事，唐静心中不禁感觉有些惊恐。

● 不信邪祟反受吓　遗赠扶养起纠纷

第二天上午，唐静就匆忙赶到养老院把老房子里发生的事跟刘大爷说了。刘大爷听后一拍大腿说："不可能，我在里面住了一辈子，从来也没有看见过闹鬼，我倒要看看这鬼长什么样。"刘大爷不信邪，认为闹鬼是封建迷信。他向养老院请了几天假，跟着唐静一起住回老房子里，看看家里到底有没有鬼。

到了晚上，全家人都入睡了。半夜时分，客厅的电话铃突然响起。刘大爷被惊醒，他颤颤巍巍地起床拿起电话听筒，听到电话里面有一个女人在唱歌，刘大爷听着这久违熟悉的歌声呆住了。

这时，唐静和王德刚也起床了，他们到客厅里查看，发现刘大爷手拿着电话听筒泪流满面。唐静关切地走上前，刘大爷把听筒递给她："小静，你听！这是我老丫头在唱歌。她最喜欢这首歌了，原来她总是唱给我听，这么多年了……"刘大爷哽咽着说不出话来。

唐静接过听筒，只听见里面传来一阵阵忙音，根本没有什么歌声。她奇怪地放下电话，准备问刘大爷到底听到了什么。谁知，就在这时，突然传来一声闷响。唐静急忙扭头查看，发现刘大爷已经摔倒在地上，双手捂着胸口，呼吸急促，表情痛苦。唐静和王德刚把刘大爷抬到沙发上，然后拨打了120急救电话。医护人员到场检查后决定将刘大爷送到医院救治，唐静和王德刚也随着救护车一起到了医院。

在抢救室外，唐静坐立不安，浮想联翩。刘大爷的小女儿已经死了快20年了，怎么会在电话里唱歌呢？老房子为什么会发生这一系列怪事？如果刘大爷抢救不过来，谁承担这个法律责任？思来想去，唐静决定向警方报案。

唐静让丈夫王德刚在医院守着刘大爷，自己到公安局报警。警方接到报案以后，详细了解了情况，然后开始展开调查。民警到刘大爷的老房子进行了查看，也调出了那晚拨打刘大爷家电话的号码，这是个公用电话，此外也没有找到更有利的线索。但是，自从唐静报案后，老房子就不闹鬼了。警方分析是民警上门调查惊动了装神弄鬼者，嘱咐唐静在家注意观察，如果有可疑情况发生及时联系警方。

刘大爷由于受到巨大刺激导致心脏病突发，加之年岁已高还有高血压，由此引发了诸多并发症，躺在病床上昏迷不醒，情况不容乐观。唐静和王德刚轮流在医院守护，刘大爷的病情还是每况愈下，医院很快下了病危通知单。看到刘大爷的生命已经进入倒计时，唐静犹豫着要不要给刘兵打电话通报情况。王德刚对她说："干爹的儿子再不孝，也是他唯一的亲人，应该让他见老爷子最后一面，或许老爷子心里也想见他。"于是，唐静拨通了刘兵的电话。

刘兵接到电话后立刻赶到医院，探视完父亲以后，他责怪唐静道："唐姐，我父亲病危了，你才想起来通知我。你到底安的是什么心？是不是为了霸占我家的财产！你赶快从我家房子里搬出来，这是我们刘家的房子，跟你没有关系。"唐静早就预料到刘兵会这么说，她不慌不忙地回答道："你爸已经把房子遗赠给我了，你没有权利要求我搬出去。过去是干爹不让我跟你联系，他不想让你打扰他的清静生活。"刘兵听了唐静的回答后气急败坏，他对唐静恶狠狠地说："你非法侵占我们刘家财产是犯法的。你等着啊！咱们这事儿没完。"说完，刘兵气呼呼地离开了医院。

经过医院的全力救治，刘大爷还是没有熬过去，医生无奈地说他们已经尽力了。唐静强忍悲痛为刘大爷操办后事，刘兵闻讯也赶到殡仪馆，一进来就跪在刘大爷灵前号啕大哭。等到刘大爷的后事办完后，刘兵转而对唐静说："上次我去医院看我爸时他还好好的，怎么说不行就不行了。你是不是为了贪图我家财产不出钱给他治病。"唐静哽咽着说："我今天不想跟你争吵！我再跟你讲一遍，我没有贪图你家财产，是你爸主动要和我签遗赠扶养协议，我尽了生养死葬的义务，现在得到他的遗产天经地义。"刘兵听后手指着唐静喊道："你骗术太高明了，你这些把戏我爸看不出来，但是，你瞒不了我。你虐待我爸，对他不好。这个协议无效，咱们法院见。"说完后，他转身离开了。

● 逆子装"鬼"夺房产　法律公平断是非

刘大爷的骨灰下葬了，唐静把干爹的后事处理完以后，感到自己身心疲惫，就请假在家休息。

一天下午，丈夫王德刚打电话告诉她要在单位加班，她一人在家也不想做饭了，没吃饭就上床休息了。迷糊间听到有人敲门，她起来走到门口问："谁呀？"外面无人应答。唐静以为自己听错了，又回到屋里躺下休息。这时，外面再次响起敲门声，她回到门口再次问道："谁呀？"仍然没有人回答。唐静心中警觉，从卫生间拿起拖把，忐忑不安地把门打开。

唐静发现外面没有人，门口地上放着一个黑色包裹。唐静以为是家里谁网购的东西，就把包裹拿进屋，嘴里还念叨着："这个送快递的怎么连签字都省略了？工作真粗心。"唐静说着打开包裹，只见两个白色的骷髅头映入眼帘。唐静吓得瘫坐在沙发上，脸色苍白，腿脚发软，急忙拨打电话报警。

民警赶到唐静家里，检查了这两个骷髅头，发现是教学用具，并不是真的人类骷髅。唐静又把这个老房子里发生的惊悚事件详细地向民警叙述了一遍。民警当然知道世间本无鬼，肯定是有人装神弄鬼，就询问唐静有没有什么仇人。唐静想了想对民警说："只有我干爹的儿子刘兵会干这件事，他认为我骗了他家财产，一直威胁我。"根据警方掌握的材料，民警把目标锁定为刘兵。

民警联系上刘兵，要求他到派出所协助调查。刘兵硬着头皮赶到派出所，民警询问他和唐静是否有矛盾？刘兵理直气壮地说："这不是矛盾，是她霸占我家的财产，我要维护自己的合法权益。"民警又问："你是以什么方式维护自己合法权益的？"刘兵一听不说话了。民警告诫他："你的底细我们知道，希望你不要隐瞒，有什么情况如实讲出来。"刘兵知道瞒不住了，无奈之下只得说出了实情。

原来，刘兵觉得自己是刘家财产唯一的继承人，只要老爷子哪天走了，家里的财产必然是他的。所以，他对刘大爷并不孝顺，也不在乎刘大爷对他的态度，他要以时间换财产。他没有想到，父亲铁了心要和他断绝关系，搬到唐静家与她共同生活。这下子刘兵感到危机了，老爷子竟然把财产留给一个外姓人，肯定是被唐静蒙骗之后，失去理智了。当他知道唐静把父亲送进养老院，还把他家的房子出租谋取利益，就决定利用自己的方式进行维权。于是，他经常到自家老房子附近溜达，看到房客就假意上前搭讪聊天，然后好心地告诉房客房子里横死过人，化作厉鬼，这是个凶宅。虽然他的计谋几番见效，但是没有想到唐静搬进老房子里住，而把她自己家的房子出租了。

于是，刘兵就导演了案件开头那场白布娃娃悬梁事件，第一天还半夜用公用电话亭给家里打电话，播放已故姐姐的唱歌录音。他没有想到正是这盘磁带，竟然害得刘大爷突发心脏病，不治而亡，这让刘兵内心多少有些歉疚。民警调查清楚事情的前因后果之后，对刘兵装神弄鬼扰乱他人生活秩序的行为给予了严厉的训诫，作出了相应的行政处罚。

刘兵知道不可能通过歪门邪道达到要回家庭财产的目的，就一纸诉状将唐静告上了法庭，要求唐静停止侵权，返还属于他继承的家庭财产。唐静接到法院的传票以后，聘请律师积极应诉。她向法院提交了与刘大爷签订的遗赠扶养协议，出示了居委会证明和邻居的证人证言，证明她按照协议约定承担了刘大爷生养死葬的义务，得到刘大爷的遗赠于理于法有据。刘兵对协议的真实性提出疑问，认为唐静是通过欺诈手段签订的无效协议，但是他没有提供证据证明自己的说法。

根据原告刘兵和被告唐静双方的观点，本案争议的法律问题是遗赠扶养协议的法律效力。

● 法点释义：遗赠扶养协议 >>>

遗赠扶养协议，是受扶养的公民和扶养人之间关于扶养人承担受扶养人的生养死葬的义务，受扶养人将财产遗赠给扶养人的协议。遗赠扶养协议须是双方的真实意思表示，一经签订必须遵守，其效力高于法定继承和遗嘱继承。

● 法律链接：>>>

案发时法律规定：《中华人民共和国继承法》

第三十一条 公民可以与扶养人签订遗赠扶养协议。按照协议，扶养人承担该公民生养死葬的义务，享有受遗赠的权利。

公民可以与集体所有制组织签订遗赠扶养协议。按照协议，集体所有制组织承担该公民生养死葬的义务，享有受遗赠的权利。

民法典新规定：《中华人民共和国民法典》

2021年1月1日起施行的民法典第六编中规定了继承。根据社会的进步和生活中具体情况，民法典增加了打印遗嘱和录音录像遗嘱，规定自然人可以依法设立遗嘱信托，以遗嘱人最后一份遗嘱为准，明确了遗产处理的程序。

第一千一百二十三条 继承开始后，按照法定继承办理；有遗嘱的，按照遗嘱继承或者遗赠办理；有遗赠扶养协议的，按照协议办理。

第一千一百四十二条 遗嘱人可以撤回、变更自己所立的遗嘱。

立遗嘱后，遗嘱人实施与遗嘱内容相反的民事法律行为的，视为对遗嘱相关内容的撤回。

立有数份遗嘱，内容相抵触的，以最后的遗嘱为准。

第一千一百五十八条 自然人可以与继承人以外的组织或者个人签订遗赠扶养协议。按照协议，该组织或者个人承担该自然人生养死葬的义务，享有受遗赠的权利。

当时，法院经审理后认为，原告刘兵未提出相应证据证明遗赠扶养协议无效，而被告唐静提供的证据能够相互印证，且被告履行了协议约定，故认定案外人刘大爷与被告唐静之间签订的遗赠扶养协议系双方真实意思表示，且符合我国民法通则和继承法的有关规定，合法有效。而原告有赡养能力却未对其父尽赡养义务，又未提供证据推翻被告提供的遗赠扶养协议。最终，法院判决驳回原告刘兵的诉讼请求，判令他承担本案的受理费用。

凶宅之谜终于真相大白。在这个世界上并无鬼神，有的只是可怕而贪婪的人心。刘兵的诉讼虽然以失败告终，但是唐静为了让老爷子在九泉之下安心，决定将刘大爷的存款赠给刘兵。拿到父亲的存款，刘兵嘴唇嚅动许久，才说出一句话："唐姐，我对不起你和我爸。"不管他是幡然醒悟也好，还是拿到了存款之后的客气也罢，只可惜"子欲养而亲不待"的悲剧在生活中又重演了一次。

兄弟情仇

◆ 关键词：隐私权

2012年春季的一个夜晚，某地一居民楼上传来吵闹声和摔东西的声音。左邻右舍听出来是楼下张氏兄弟在吵架。他们都感到很奇怪，这哥俩平时感情很好，今天怎么发生这么激烈的争吵。由于邻居们平时关系比较好，他们相继赶来劝架……

● 兄弟反目为寻爱　白衣丽人断亲情

邻居们看到哥哥张建军家的门开着，他和弟弟张建国两个人互相扯着对方衣领，横眉怒目相对。张老大的妻子红着眼圈在劝架，邻居们见状上前把他们拉开，劝解道："你们哥俩这是怎么啦？有话好好说，动什么手啊！"

看到惊动了邻居们，张老大和张老二松开了手。邻居关心地问他们："你们哥俩平时关系那么好，今天为什么动手了？"张老大闷声不语。张老二情绪激动地对邻居说："我哥不让我谈恋爱，你们大家评评理，我的感情我为什么不能做主。"邻居们一听更糊涂了，问哥哥："老大，你不是一直托我们给你弟弟介绍对象吗，怎么干涉起他谈恋爱了？"张老大对邻居解释说："我没有干涉他的恋爱，这个女孩不适合他。"张老二手指着张老大对邻居说："你们听到了！他一边说不干涉我，一边还说这个女孩不适合我。这不是干涉是什么！适不适合我，凭什么你说了算？！"邻居们一听都认为弟弟有道理，就七嘴八舌地批评张老大。

这时，张老二又说话了："各位老邻居，你们都知道我爹妈死得早，我能有今天全靠我哥对我的养育和帮助。我虽然尊重他，但是他不能替我决定婚姻。今天当着你们的面，我给我哥鞠躬致谢。今后我们哥俩各走各的路。"说完，他给张老大鞠了三个躬，然后转头就走。张老大的妻子想拉住张老二，但是被他挣脱了。邻居们没有想到，这从不红脸的哥俩，竟然当场断绝了兄弟关系。

原来，张氏兄弟父母双亡，他们年龄相差15岁，是哥哥张建军把弟弟张建国抚养成人。为了让弟弟上学，张老大自己辍学打工。一晃二十几年过去了，张老大已经年近半百，张老二才30岁出头。张老二虽然已经大学毕业，但是性格内向，迟迟没有找到女朋友。张老大为他的婚事愁眉不展，到处托人给他介绍女朋友，可是没一个合适的，不是张老二看不上别人，就是人家姑娘对他没感觉。

一个月前，张老大接到朋友电话，说要给他弟弟介绍一个女朋友，这个女孩过去在南方工作，刚回到老家。人不仅长得漂亮大方，而且还很有爱心。张老大一听高兴地说："你快安排时间见面，我弟弟这边随时都行。"朋友打趣张老大道："你比自己找媳妇都积极啊。"张老大嘿嘿一笑说："我弟弟结了婚，我这当哥的任务就完成了。"

张老大挂了朋友的电话，就立马给张老二打电话。张老二对谈对象见面已经没有信心了，他淡淡地说："哥，你先去替我相亲吧。"张老大一听马上拒绝："那哪儿行啊，是你找女朋友又不是我，到时候我可以陪你去。"张老二不忍心拒绝哥哥的好意，勉强应道："好吧，哥。"

在朋友给了张老大具体见面时间后，他提前几天给张老二打电话，反复叮嘱他见面时间和地点，让他一定准时赴约。到了约定那天，哥俩一起赶到约会地点，只见介绍人领着一个一袭白裙长发披肩的女孩子走了过来。

哥俩急忙站起来迎接，介绍人指着女孩对他们说："这是肖玲。"然后，又介绍了张家兄弟。肖玲与他们握手，大家落座。张老大看着肖玲有些面熟，一时想不起来在哪儿见过，就试探着问："肖小姐，我以前好像在哪儿见过你?"肖玲淡淡一笑说:"是吗?这话我可没少听。"张老大听她话里的意思是把自己归类为喜欢套近乎的人,竟不知道说什么好了。而张老二一看来者确实是一个美女,心跳加快、手足无措,也不知从何说起。相反,倒是肖玲对老成持重的张老二颇有好感,主动和他聊起天来。张老大坐在一旁,偷偷打量着肖玲。过了一会儿,他突然站起来对他们说:"我出去抽根烟。"说完,就起身出去了。介绍人也马上说:"我陪你去。"出去以后,张老大没有再进来,一直等到张老二出来。

回家路上,他看着张老二问:"怎么样?"张老二有些喜形于色:"感觉不错,我们互相留了电话。"张老大若有所思地说了一句:"这个女孩不能急着定。"张老二还沉浸在刚才愉快的会见中,没有在意哥哥的话。从那儿以后,张老二开始与肖玲交往。随着他们感情的加深,哥哥张建军公开表明了自己反对的态度,而且越来越强烈。

● **各显神通觅真相　鸡飞狗跳一家人**

张老大和张老二断绝兄弟情了,等到劝架的邻居们都走了以后,张老大的妻子盯着他问:"以前为了给老二找对象,你忙前忙后的。为什么老二现在看好的对象,你又站出来反对?"张老大看了妻子一眼:"你不清楚情况,我这是为了二弟好。""我不清楚什么情况?你说。"张老大看了看妻子没有说话。张老大的妻子又说:"你说我不清楚情况,那你怎么知道情况?难道你和这个女孩以前认识?是不是和她之间还有什么事呀?所以你不想让老二和她谈恋爱。"张老大生气地站起来:"你瞎猜什么!"说完,他起身离家而去。妻子盯着他离去的背影脸色阴沉下来。

哥俩吵架之后,张老大和张老二断绝了往来。但是,张老大并没有就此罢手,他一直盯着张老二和肖玲的恋爱进展。不久,介绍人给张老大打电话说要喝喜酒。张老大有些不解,反问道:"他们要结婚了?"介绍人讥笑道:"你这哥哥是怎么当的,弟弟要结婚了你都不知道?"

张老大一听张老二和肖玲已经把结婚的事提上了日程，就决定孤注一掷。他给肖玲打电话，说要跟她见面。

肖玲应约来到了见面地点。张老大看着她问："你知道我约你干什么吧？"肖玲摇摇头，平静地说道："我还真不知道。"张老大气愤地说："你别装了。我是谁你不知道？"肖玲看着他一字一顿地说："我知道，你是张建国的哥哥张建军，但是你没有权利干涉我们的恋爱婚姻呀。"说完，她扭头就要往外走。

张老大上前抓住她的胳膊。结果，两个人当众互相拉扯起来。肖玲挣脱几下，看到挣脱不了，又坐了下来。张老大对她说："肖小姐，好久不见，你现在很不一样了！我知道你对男人很了解，但是我弟弟是个单纯的人，你能不能放过他。"肖玲看了张老大一眼："男未娶女未嫁，我们两个互相喜欢，为什么要分开？"张老大冷笑道："有些经历是无法隐瞒的，你的过去告诉过他吗？如果以后我弟弟知道了，他能接受吗？"肖玲的眼神里闪过一丝惊惶，略有迟疑地说道："真爱胜过一切，我相信他会理解和包容的。"张老大不屑地哼了一声："既然你这么自信，我就替你去说说？"肖玲听了张老大的话，一把抓住他的胳膊恳求道："大哥，我求你了！看在咱们过去有过交情的份上，你就成全我们吧！"张老大不耐烦地说："咱们有什么交情？那是交易。你必须离开我弟弟，否则，别怪我不客气。"说完，张老大扒拉开肖玲的手，气呼呼地走了。

张老大还没有到家就接到了张老二的电话，张老二很不友好地说："你私下见我女朋友了？你到底要干什么？"张老大知道肖玲已经恶人先告状了，就对着话筒诚恳地说："老二，你要是心里还认我这个哥哥就和她分手吧，这是为你好。"张老二立刻回应道："我已经受够了，你干涉我还不够，还威胁我的女朋友。我告诉你，明天我们就去办结婚登记手续。"说完，他就挂了电话。

张老二自从和哥哥吵架之后一直苦恼至极，哥哥对他恩重如山，而肖玲就是他梦想中的女朋友。哥哥越反对他谈恋爱，他反弹的力度就越大。今天听肖玲说张老大竟然威逼她和自己断绝恋爱关系，就觉得哥哥做得太过分了，决定立刻和肖玲结婚。他和哥哥通完话后，心里气愤难平。

突然，他听到手机发出信息提示音，发现是哥哥发来的彩信，打开一看他愣住了。张老大竟然发来一张女人的裸照，这个女人不是别人，正是自己的女朋友肖玲。张老二顿时蒙了，怎么回事？接着，他手机又收到一张肖玲的裸照。

张老二气急败坏，立刻打电话给肖玲问："我哥发给我两张你的艳照，这到底是怎么回事？"肖玲沉默了一下，然后开始抽泣，她带着哭腔回答道："这肯定是你哥为了拆散咱俩 PS 了我的照片。你如果不相信我，咱们就分手吧。"说完，她就挂了电话，张老二再打过去她已经关机了。

虽然肖玲这招是以退为进，但是张老二对她已经产生了怀疑。他知道哥哥没有 PS 照片的本领，难道哥哥知道肖玲有不光彩的历史，所以才反对他们谈恋爱？

张老二决定找哥哥问个明白，他怒气冲冲地来到哥哥家。看见哥哥和嫂子都板着脸，好像刚才也在吵架，就问："嫂子，你们怎么了？"嫂子红肿着眼睛对他说："老二，你来了正好，否则我还要去找你呢。"听嫂子话中的意思，他们夫妻吵架跟自己有关，张老二更是摸不着头脑了。

嫂子把手中的照相机递给他："老二，你看看这是怎么回事？"张老二看到照片的瞬间也傻眼了，只见照片里肖玲正拉着哥哥的胳膊在说什么。难怪哥哥有肖玲的裸照，原来他们的关系不正常。张老二正在猜想着，就听到嫂子哭着对他说："从你哥反对你和肖玲谈恋爱的时候起，我就觉得他行为反常。问他为什么反对你和肖玲谈恋爱，他吭吭哧哧地说不出个所以然。于是，我就悄悄地跟踪他，发现他竟然和你女朋友约会，我回来问他怎么回事，他就是不告诉我。你说这个日子还能过下去吗？"张老二听了嫂子的话，拿出手机对张老大说："你发给我的照片是不是想告诉我，你们过去是相好？今天当着我和嫂子的面你给我说清楚！"嫂子听后接过张老二的手机，看后她声嘶力竭地掩面号啕大哭："张建军，你欺人太甚！我要和你离婚！"

● 隐私侵权起诉讼　亲情犹在又团圆

看到妻子和弟弟把自己逼得无处可退，张老大神情沮丧，他用沙哑的嗓音说："我和肖玲的关系不是你们想的那样，今天不管什么结果，我把一切都告诉你们。"然后，他悔恨地低声说道："这一切都是我的错。前几年我做销售工作经常出差，在南方某城市一待就是几个月。人都有七情六欲，我一个人在陌生的城市也时常寂寞，就到洗浴中心去放松，肖玲是那里的按摩技师。那个洗浴中心不正规，按摩技师提供色情服务。因为是老乡，所以每次去我都找她。当我认出给老二介绍的对象就是肖玲时，我心中郁闷悔恨。因为我和她有过肉体交易，二弟不能娶这样的女子。可是，这一切我又难以启齿。后来，看到老二铁了心要和她谈恋爱，我只好硬着头皮去找肖玲，没想到她厚着脸皮竟然恶人先告状，只讲我不让你们恋爱结婚，而不说我为什么阻拦你们谈恋爱。无奈之下，我只好把过去拍的肖玲裸照发给你，想让你因此和她分手。谁知道你嫂子中间又插了这一杠子。就是这么回事儿，责任全在我，是打是罚由你们决定。"张老二听完哥哥这番话，知道了张老大不让他和肖玲谈恋爱的真相，全身心投入恋爱的他实在不能接受女朋友曾经是卖淫女的结果。他百感交集不知如何是好，二话没说开门就走了。张老大的妻子听后也哭着跑进卧室，锁上房门独自悲伤。

之后的每一天，对于张氏兄弟这家人来说都是备受煎熬。张老大的妻子和他分居，两个人谁也不理谁。张老二毫无音讯，张老大也无脸和他联系。在那天离开哥哥家以后，张老二经过冷静思考，已经理解了哥哥不让他和肖玲谈恋爱的良苦用心。哥哥和肖玲发生性交易是在他认识肖玲之前，哥哥的行为虽然荒唐但是他也是个有需求的正常男人。他无法谅解的是肖玲曾经有过不光彩的过去竟然向他隐瞒真相，让他误以为她是良家淑女。这些事一旦结婚成家后再暴露，自己还有什么脸面活在世间。

张老二为此约见了肖玲，痛斥她为人不坦诚。肖玲露出了在风月场上混过的秉性，讥笑张老二不懂人情世故，反问他谁会把自己不光彩的历史告诉别人，并且说自己已经收手要做贤妻良母，既然你无法容忍我的过去，那就分手吧，我大不了再找个男人，但是，你哥坏了我的好事，我绝不会放过他。就这样，张老二和肖玲分手了。

不久，张老大接到了法院的传票。他以为是妻子起诉要和他离婚，没想到却是肖玲一纸诉状将他告上法庭，诉称张老大将其裸照发送给张老二的行为侵犯了其隐私权，要求张老大以书面形式向其赔礼道歉，并赔偿其精神损失费1万元。

● **法点释义**：隐私权 >>>

隐私权，是指自然人享有的私人生活安宁与私人信息秘密依法受到保护，不被他人非法侵扰、知悉、收集、利用和公开的一种人格权，而且权利主体对他人在何种程度上可以介入自己的私生活，对自己是否向他人公开隐私以及公开的范围和程度等具有决定权。

收到肖玲的诉状，张老大告诉妻子和弟弟肖玲和他打官司了。张老二没有想到肖玲脸皮如此之厚，竟然真的将哥哥告上法庭。他接到张老大的电话后来到他家，对张老大说："哥，我已经想通了，你做的这一切都是为我好。法院开庭的时候，如果需要我可以出庭作证。"因为肖玲的诉讼，张家兄弟俩又冰释前嫌。张老二还给嫂子做了思想工作，告诉她现在社会上诱惑很多，我哥为此犯了不该犯的错误。只要嫂子你宽宏大量，我哥今后一定会对你和这个家更好。最后，张老大的妻子让张老二转告张老大一句话：既往不咎，下不为例。就这样，张老大的家庭风波总算过去了。但是，肖玲告张老大的官司没有过去，不久法院进行了开庭审理。

在法庭上，原告肖玲否认自己从事过不光彩的职业，但是承认和被告张建军有过亲密的关系，指出被告出于不良动机，将原告的私密照擅自发给他人，侵犯了原告的隐私权。被告张建军否认自己动机不良，认为原告隐瞒自己历史的行为给被告家庭成员带来了伤害，无奈之下才将原告的照片发给自己的家人，没有向社会散播，不构成侵权。

肖玲告张老大的官司法院确定的案由是隐私权纠纷，那么，本案的法律焦点就是如何保护当事人的隐私。

● **法律链接**： >>>

案发时法律规定：《中华人民共和国侵权责任法》

第二条 侵害民事权益，应当依照本法承担侵权责任。

本法所称民事权益，包括生命权、健康权、姓名权、名誉权、荣誉权、肖像权、隐私权、婚姻自主权、监护权、所有权、用益物权、担保物权、著作权、专利权、商标专用权、发现权、股权、继承权等人身、财产权益。

《中华人民共和国妇女权益保障法》

第四十二条 妇女的名誉权、荣誉权、隐私权、肖像权等人格权受法律保护。

禁止用侮辱、诽谤等方式损害妇女的人格尊严。禁止通过大众传播媒介或者其他方式贬低损害妇女人格。未经本人同意，不得以营利为目的，通过广告、商标、展览橱窗、报纸、期刊、图书、音像制品、电子出版物、网络等形式使用妇女肖像。

民法典新规定：《中华人民共和国民法典》

2021年1月1日起施行的民法典在第四编"人格权"中规定了隐私权，界定了什么是隐私权，列举了侵犯隐私权的禁止行为，规定自然人的个人信息受法律保护，明确了处理个人信息的条件和相关事项。

第一千零三十二条 自然人享有隐私权。任何组织或者个人不得以刺探、侵扰、泄露、公开等方式侵害他人的隐私权。

隐私是自然人的私人生活安宁和不愿为他人知晓的私密空间、私密活动、私密信息。

第一千零三十三条 除法律另有规定或者权利人明确同意外，任何组织或者个人不得实施下列行为：

（一）以电话、短信、即时通讯工具、电子邮件、传单等方式侵扰他人的私人生活安宁；

（二）进入、拍摄、窥视他人的住宅、宾馆房间等私密空间；

（三）拍摄、窥视、窃听、公开他人的私密活动；

（四）拍摄、窥视他人身体的私密部位；

（五）处理他人的私密信息；

（六）以其他方式侵害他人的隐私权。

第一千零三十四条 自然人的个人信息受法律保护。

个人信息是以电子或者其他方式记录的能够单独或者与其他信息结合识别特定自然人的各种信息，包括自然人的姓名、出生日期、身份证件号码、生物识别信息、住址、电话号码、电子邮箱、健康信息、行踪信息等。

个人信息中的私密信息，适用有关隐私权的规定；没有规定的，适用有关个人信息保护的规定。

法院经过审理认为，被告张建军私自将原告肖玲的裸照发送给他人，公开披露了原告的身体隐私，意在降低第三人对原告的社会评价，使原告背负了较大的精神压力，正常生活受到了影响，其行为违反了法律禁止性规定，应当承担相应的民事责任。故判决被告张建军在判决生效之日起10日内就其非法公开披露原告肖玲身体隐私行为书面向其赔礼道歉，并赔偿原告肖玲精神抚慰金5000元。

张老大虽然输了官司，但他得到了张老二和妻子的原谅。在执行法院判决时，家人们陪伴在他身边。都说男儿有泪不轻弹，但是回归的亲情让张老大泣不成声。

张老大爱护弟弟之心显而易见，但他用的方式不但伤害了家庭和亲情，自己还背上了一场官司。人类的情感错综复杂，即便是亲人之间，也都有自己的喜怒哀乐，一旦处理不好，情仇就在一念之间。所以，即便是亲人之间的关爱，也要把握好尺度和分寸，否则会适得其反，伤人伤己。

无奈少年

◆ 关键词：监护权

2018年的一天，少年周小军因为小腿骨折住院了。他虽然只有12岁，但是躺在病床上从来不哭。他面无表情，很少说话，忧郁的眼神盯着窗外的风景，只有看到树枝上欢快的小鸟，他脸上才露出些许愉悦的神情。但是，这点快乐很快也被剥夺走了……

● 无辜少年受创伤　忧郁眼神露玄机

周小军住院不到一个月，他父母就到医院给他办理出院手续，说家里没钱给他治病。坚强的周小军此时却痛哭起来，他要求留在医院继续治疗。医生和病友家长都劝他的父母让周小军在医院继续治疗，如果经济紧张愿意为他搞个捐献仪式。父母仍然不同意，强行给周小军办理了出院手续。

周小军的父母生活到底有多困难，非得让他中断治疗？周小军受伤后忍痛不哭，为什么一听到让他出院就痛哭失声，难道他真是一个调皮捣蛋不懂事的孩子？

实际上，周小军曾经是个留守儿童，从小父母外出打工将他托付给爷爷奶奶照顾。周小军从小懂事好学，成绩名列前茅。后来，爷爷去世，奶奶被姑姑接走。周小军父母不愿意分担爷爷奶奶看病赡养的费用，姑姑只好让他们把周小军接走。就这样，周小军才来到父母身边。

周小军被父母从医院接回家，这是在当地租的一套小房子。晚上吃饭的时候，周小军情绪低沉，说腿疼不想吃。父亲一边喝着酒，一边对他说："你这次住院已经花了不少钱，人家赔的钱快花光了，趁着骨折还没有愈合，咱们抓紧时间再干几次。"周小军一听就哭了，拒绝道："我不干！要干你自己干！"父亲一听当场把酒杯摔了，起身要去打周小军。母亲急忙拦住他，担心地对周小军的父亲说："这样下去，孩子会不会落下残疾？"父亲满不在乎地摇摇头："小孩子骨头软，容易愈合，没事！"

周小军挣扎着从床上下来，一瘸一拐地往外走。妈妈急忙上前问他要去干什么。周小军哭着说："我要回奶奶家。"父亲一听站起身来，伸手就给了周小军两个耳光，命令他回到床上去，而且警告他如果不听话，他们就不要他了。周小军吓得不敢再犟嘴，回到床上埋头痛哭起来。

周小军已经遭受车祸受了伤，父亲为什么还逼他在骨折未愈合的情况下干活？周小军只是一个孩子，他能干什么活呢？难道是分开时间长了，父母对他没有感情吗？这件事，我们还要从周小军的父母打工经历说起……

● 无良父母生歪念　儿子成了"摇钱树"

周小军的父母离开农村到城里打工，当时在一家锅炉厂干活，后来因为环境整治和产业升级改造，企业关门了，周小军的父母也失业了。他们都是初中文化，无法找到合适的工作，只能四处打零工，工作非常不稳定，收入也不高。周小军的父亲心情烦躁，天天酗酒，还经常去棋牌室赌博，夫妻俩开始为此生气。周小军来到他们身边后，知道家里经济情况不好，他从来不给父母提任何条件，只是埋头努力读书。

2017年的一天，周小军父母在电视上看到有人"碰瓷"被抓的新闻，正常人看了会因此受到法制教育，而周小军的父亲却突然冒出借此发财的念头。他对妻子说："人往汽车前一躺就能挣钱，这比咱们天天打工来钱快多了。现在有车的人那么多，咱们是不是也试试这个发财之道?"周小军的母亲担心违法被抓,而且害怕真被车轧出个好歹。周小军的父亲不以为然,咱们趁司机减速时再撞,绝对不会有大问题。到时候咱们是真被车撞了,谁敢说咱们是"碰瓷"!如果真碰个好歹,他还要养咱们一辈子呢。周小军的父亲想通过不法手段挣钱,而周小军的母亲又立场不坚定,听丈夫这么仔细一分析,也觉得风险不大,就同意试试。

第二天,周小军的父母上街,他们要研究怎么"碰瓷"才能既安全又挣钱。平时天天在路上走没什么感觉,现在要去撞车"碰瓷",就觉得马路上的汽车开得特别快,内心还是有一些胆怯的。如果硬拿身体碰上去,肯定是有命挣钱没命花钱。他们看得心惊胆战,"碰瓷"的勇气烟消云散。他们沮丧地认为吃不了这碗"碰瓷"的饭,不料在回家的路上,却意外发现了"碰瓷"的窍门。

当时,马路上发生了交通事故,一个开三轮车的老头因为闯红灯与正常行驶的轿车剐蹭。轿车司机冲着老头大发雷霆,老头低着头不断赔礼道歉,又从口袋里掏出200元进行赔偿。这一幕立刻给周小军的父亲以启发,他知道当地的三轮车都是非法营运,并且三轮车制动差,发生事故很正常,"碰瓷"三轮车安全系数比较大。顿时,他已经消失殆尽的贼胆又被激发出来了,兴奋地对周小军的妈妈说:"老婆,我有办法了。"

回到出租屋后,他们夫妻商量让儿子周小军去"碰瓷"。父亲说:"大人从三轮车上掉下来不会被人同情,小孩子掉下来人们都会同情,可以多要赔偿金。"母亲开始不同意,说孩子年纪小,摔坏了是一辈子的事。父亲说没事,咱们等车速降下来再让他跳,不会有大事的。母亲只好无奈地同意了。

第二天,周小军的父亲就对他说:"从今天起你不用上学了,咱家没钱给你交学费了。"周小军一听不能上学了,眼泪就伤心地流下来,要求继续去上学,说为了省钱自己可以不吃午饭。父亲趁此说,你要想上学就得自己挣学费。周小军马上答应,说自己不怕吃苦。于是,周小军的父亲就告诉他："我有一个挣钱的方法，咱们坐三轮车的时候，你从车上跳下来，受伤后让司机赔钱，这样你就有钱上学了。"周小军一听害怕了，他回答说："我不干！"父亲一听张口骂道："小兔崽子，我养你这么大，就知道花钱，如果你不干的话，永远也别想上学。"周小军看着父亲凶狠的目光，心里非常害怕。母亲也在一旁劝他："干吧！你早点挣出学费早点回学校，父母保证你没事。"为了挣出自己的学费，周小军只好无奈答应了父亲。

父母带周小军坐上一辆机动三轮车。开车的是一个年近七旬的老人，他穿着破旧，态度热情，路上不断和他们聊天，周小军觉得他很像去世的爷爷。

等三轮车开到了有些颠簸的路段，老人交代他们坐好扶稳。父亲这时就向周小军使眼色。周小军心里很害怕，假装没看见。父亲压低喉咙厉声说："你快点跳啊！要不就来不及了。"母亲也用手推周小军。周小军颤抖地站了起来。这时，正好老人回头查看，马上就警告他："孩子，赶快坐好！别摔着了！"周小军趁势坐了下来，父母不满地瞪着他，也不敢再逼他跳车了。

晚上回到家以后，父亲一边喝酒一边骂他废物，威胁他如果自己不能挣钱，老子有钱也不送你去上学。今天不但没有挣到钱，还赔了三轮车的费用，他边骂边起身打周小军，母亲也在一旁数落周小军，说你长这么大，家里的事一点儿也帮不上忙。周小军面对发怒的父母不敢犟嘴，但是心里非常抵触，觉得父母已经变成了坏人。

早上起来，父母再次带着周小军出门"碰瓷"。他们又坐上一辆机动三轮车，开车的是一个残疾老人，车上还放着拐杖。上车前周小军显得有些犹豫，父亲把他推上车，小声教训他，这个世界上只有咱们最苦最穷，其他人都是有钱人。等三轮车开到了颠簸处，父亲用眼神命令他跳，周小军眼睛一闭心一横，身子一歪从车上掉了下去，脖脖子立刻崴伤了，他疼地大声哭叫起来。

三轮车马上停了下来，母亲扑到周小军身上，大声哭叫道："我的儿子啊，你怎么样了！"这时，老人拄着拐杖急忙赶来查看。母亲小声对周小军说："你晕过去，快点！"周小军就闭上了眼睛，之后他忍着剧痛，听见父母一边哭一边和老人讨价还价。父亲威胁老人说："我看你车上没有营运证，你这是非法揽客。我儿子伤那么重，你至少得赔1000元，不然我就报警。"老人吓得直哆嗦，掏出钱包说："我今天只挣了200多元。"周小军的父母不愿意，逼着老人去银行取钱。最后，老人没办法，被周小军的父亲押着去银行又取了800元，一共赔了1000元。

首次"碰瓷"成功，父母买了肉和鱼，回家喝酒庆祝。周小军躺在床上，浑身酸疼，脚脖子处鼓起个大包，头上还磕个口子，那种痛苦他一辈子也忘不了。母亲给他伤口消毒抹药水，还给他脚踝贴了膏药，称赞他能挣钱，出手就是1000元。父亲则津津有味地喝着庆功酒。

两三天后，当周小军能踉跄着走路了，父亲又催他去"碰瓷"挣钱，还说两次的伤口加在一块可以多弄点钱，你也可以早点回学校上学。周小军万般无奈，被父母带着连续上路"碰瓷"挣钱，一直到他这次跳车小腿骨折住院，对方赔了2万元。周小军本以为父母会在他伤好后让他去上学，没有想到父亲竟然让他出院再去"碰瓷"。周小军再也不想帮着父母干坏事了，他想报警让警察叔叔把父母抓走，但又觉得他们毕竟是自己的父母，如果都被抓走了，自己怎么办？奶奶肯定也会急死的。周小军思来想去，不知道如何是好。

● 法网恢恢难脱逃　无辜少年获新生

第二天早上，父母准备带周小军去"碰瓷"，发现他不在家中。父母立刻出门寻找，还去了他上过学的学校，结果到处找不到周小军的身影。父母一分析，儿子可能要逃回老家。于是，他们就赶往长途汽车站，果然发现周小军正在候车室里，他们立即上前把周小军拖了回去。

回去之后，父亲对周小军威逼利诱，说他的学费还没有挣够，不能只想着上中学和高中，还要把上大学的学费挣出来。周小军知道父亲这些话是骗他，目的就是让他继续"碰瓷"，成为父母的摇钱树。而母亲在一旁也劝他，抓紧时间多挣点钱，她保证会送他去上学。

无可奈何的周小军只好按照父母的指令继续"碰瓷"，父亲为了利用周小军骨折未好多敲诈点钱，就让他每周至少"碰瓷"三次，周小军获得的赔偿也从几百元到数千元不等。

一天，父母正带着周小军寻找"碰瓷"对象，一个老头带几个人走了过来，他们上前抓住周小军的父亲，老头大声喊道："我抓住骗子了，大家快来帮忙。"周小军的父亲奋力争脱，说他认错人了！不承认自己骗过他。老人冲着他说："你们忘记了我，我永远记得你们！半年前，你们带着孩子坐我三轮车，故意让孩子从车上摔下来，骗了我4000元。"围观的人一听是"碰瓷"诈骗的，立刻把周小军一家三口控制住并拨打了报警电话。很快，警车把周小军一家三口带到了当地派出所。

古语云，多行不义必自毙。经过办案人员的讯问，周小军和父母供认他们利用三轮车"碰瓷"，以周小军受伤为由逼被害人赔偿了4000元。同时，周小军还把父母教他"碰瓷"的事情经过和盘托出，周小军父母也供认了全部犯罪事实。警方对周小军的父母以涉嫌诈骗罪刑事拘留。因周小军尚不到刑事责任年龄，他被警方交给了姑姑进行临时监护。

周小军被姑姑接回家以后，向姑姑说了事情的前后经过。姑姑没有想到弟弟到城市打工不但没有学好，反而沾染了这么多恶习，他和弟媳已经不配做周小军的监护人了。于是，她一方面基于亲情替弟弟、弟媳退赔了赃款，另一方面向法院提起了变更监护权的诉讼，要求法院剥夺周小军父母的监护权，指定她为周小军的监护人。

根据先刑事后民事的原则，周小军父母诈骗案经过侦查和审查起诉，被检察机关起诉至法院。法院经过审理认为，被告人周小军的父母以非法占有为目的，合伙采用隐瞒真相方法骗取他人财物5万余元，数额巨大，行为均已构成诈骗罪。鉴于被告人到案后能如实供述自己的犯罪事实，亲属积极赔偿了被害人的经济损失，并且取得了被害人谅解，可对两被告人酌情从轻处罚。根据被告人周小军母亲的悔罪表现及在本案中的实际情况，可对其适用缓刑。最后，法院对周小军的父亲以诈骗罪判处有期徒刑三年，并处罚金一万元。周小军的母亲被判处有期徒刑三年，缓刑四年，并处罚金八千元。

刑事案件审结后，法院审理了周小军姑姑提出的监护权纠纷案。这时，周小军的母亲已经因为判缓刑被释放，她不同意周小军姑姑的诉请，答辩要求驳回周小军姑姑的起诉。那么，本案的法律焦点来了，周小军父母的监护权是否应当被剥夺？

● **法点释义**：监护权 >>>

监护权，是监护人对被监护人的人身、财产和其他权益进行监督和保护的权利，目的是为了保护他们的合法权利，保护正常的社会经济秩序。未成年人的父母是未成年人的监护人。

● **法律链接**： >>>

案发时法律规定：《中华人民共和国民法总则》

第三十四条　监护人的职责是代理被监护人实施民事法律行为，保护被监护人的人身权利、财产权利以及其他合法权益等。

监护人依法履行监护职责产生的权利，受法律保护。

监护人不履行监护职责或者侵害被监护人合法权益的，应当承担法律责任。

第三十五条　监护人应当按照最有利于被监护人的原则履行监护职责。监护人除为维护被监护人利益外，不得处分被监护人的财产。

未成年人的监护人履行监护职责，在作出与被监护人利益有关的决定时，应当根据被监护人的年龄和智力状况，尊重被监护人的真实意愿。

成年人的监护人履行监护职责，应当最大程度地尊重被监护人的真实意愿，保障并协助被监护人实施与其智力、精神健康状况相适应的民事法律行为。对被监护人有能力独立处理的事务，监护人不得干涉。

第三十六条 监护人有下列情形之一的，人民法院根据有关个人或者组织的申请，撤销其监护人资格，安排必要的临时监护措施，并按照最有利于被监护人的原则依法指定监护人：

（一）实施严重损害被监护人身心健康行为的；

（二）怠于履行监护职责，或者无法履行监护职责并且拒绝将监护职责部分或者全部委托给他人，导致被监护人处于危困状态的；

（三）实施严重侵害被监护人合法权益的其他行为的。

本条规定的有关个人和组织包括：其他依法具有监护资格的人，居民委员会、村民委员会、学校、医疗机构、妇女联合会、残疾人联合会、未成年人保护组织、依法设立的老年人组织、民政部门等。

前款规定的个人和民政部门以外的组织未及时向人民法院申请撤销监护人资格的，民政部门应当向人民法院申请。

民法典新规定：《中华人民共和国民法典》

2021年1月1日起施行的民法典在第一编"总则"中规定了监护权，扩大了监护人的范围，赋予居民委员会、村民委员会、民政部门或者人民法院指定监护人的权利，基于新冠肺炎疫情等突发疫情公共卫生事件，增加了紧急情况时，监护人暂时无法照料被监护人时，被监护人住所地的居委会、村委会或者民政部门提供必要的临时生活照料，以保护被监护人的人身权利、财产权利以及其他合法权益，体现了我国立法以人民为本的指导思想和司法本质。

第二十七条 父母是未成年子女的监护人。

未成年人的父母已经死亡或者没有监护能力的，由下列有监护能力的人按顺序担任监护人：

（一）祖父母、外祖父母；

（二）兄、姐；

（三）其他愿意担任监护人的个人或者组织，但是须经未成年人住所地的居民委员会、村民委员会或者民政部门同意。

第三十四条 监护人的职责是代理被监护人实施民事法律行为，保护被监护人的人身权利、财产权利以及其他合法权益等。

监护人依法履行监护职责产生的权利，受法律保护。

监护人不履行监护职责或者侵害被监护人合法权益的，应当承担法律责任。

因发生突发事件等紧急情况，监护人暂时无法履行监护职责，被监护人的生活处于无人照料状态的，被监护人住所地的居民委员会、村民委员会或者民政部门应当为被监护人安排必要的临时生活照料措施。

根据上述法律规定，我们可以看出，由于周小军父母教唆他犯罪的行为严重侵害了周小军的合法权益，作为监护人而言他们是不合格的，所以，周小军的姑姑申请法院变更监护权是有理由的。最后，法院经过审理之后，撤销了周小军父母的监护人资格，指定周小军的姑姑为他的临时监护人。

周小军的父母被剥夺了监护权，案件落下了帷幕。周小军的父亲犯罪服刑被剥夺监护权是咎由自取，周小军的母亲虽然被判处缓刑，由于她的监护权已经被剥夺，也不能与儿子朝夕相伴，只能洗心革面重新做人，以实际行动悔改，这样才可能在刑期结束后，向法院申请恢复她的监护人资格。而周小军回到老家后重新上了学，但是，他心灵上的创伤要伴随着他一生。

少年周小军没有独立生活和反抗能力，被父母当作了犯罪工具，而且他们选择"碰瓷"的对象是更弱的残疾人和老年群体，以强凌弱本身有违社会良知，也被法律所禁止。尽管周小军的父母被判刑并剥夺了监护权，但是这个案件仍然让人感到心情沉重。我国民法典对监护权的进一步完善，说明社会治理中的居委会、村委会，以及人民法院在被监护人权益受到侵害的紧急情况下都要负担起监护的责任。这样作为社会的弱势群体、被监护人的合法权益才能得到保护。国家的进步要以人为本，社会的发展要惠及人民，少年儿童是祖国的未来。

寻找情敌

◆ 关键词：名誉权

2013年的一天下午，周莉莉一进家门就傻眼了，只见家中十分凌乱，东西被翻得乱七八糟。她的第一感觉就是小偷进来了，可是仔细一检查，家中的贵重物品并没有丢，她马上想到这是丈夫陈建飞干的。这时，她手机传来短信息的提示音，点开一看，果然是陈建飞的短信，看着看着，她眼泪止不住地流下来，无力地瘫倒在沙发上。这对夫妻之间到底发生了什么呢？

● 飞黄腾达凤凰男　抛妻别子欲逃婚

原来，丈夫陈建飞在短信息上告诉周莉莉，他为了爱情决定和周莉莉分手，什么时候周莉莉同意离婚，他们再见面去办手续。周莉莉万万没有想到，自己过去下嫁的穷小子，现在竟然甩了自己要和别人比翼齐飞。他们曾经被人羡慕的婚姻，为什么过得如此失败呢？

当年，周莉莉和陈建飞是同事，周莉莉家境好，父亲是当地的领导，她人漂亮也会打扮，身边有很多追求者，但同事陈建飞却是个例外。他从不主动与周莉莉打招呼，每天就知道埋头钻研技术。周莉莉觉得他有点榆木脑袋，这么多人追求自己，他竟然对自己无动于衷。周莉莉受不了冷落，骄傲地走到陈建飞面前问："我有没有得罪你啊？"陈建飞连连摇头说："没有。""既然我没有得罪你，你为什么不理我？"陈建飞老实地回答："你是城里人，我是乡下人，我不敢高攀啊。"周莉莉对陈建飞撒娇道："你是不是在讽刺我？你要请我吃饭赔礼道歉。"

陈建飞急忙答应:"我求之不得啊。"

于是,周莉莉和陈建飞开始来往。周莉莉很快就发现陈建飞和别的追求者不一样,他有理想有抱负,不像其他追求者那样,不是约她吃饭就是陪她逛街。周莉莉觉得陈建飞有出息,就和他谈起了恋爱。毫不意外的是,他们的爱情遭到了周莉莉父母的反对,两家门不当户不对,娇生惯养的女儿怎么能嫁给个一穷二白的男人!周莉莉的父母阻拦他们谈恋爱,对陈建飞冷面相对。可陷入爱河的周莉莉坚决要和陈建飞好,偷偷搬出家门和他同居,不久就怀孕了。父母气得无可奈何,只好同意了这门婚事,让周莉莉奉子成了婚。

尽管婚后岳父母对陈建飞仍然没有好脸色,但是陈建飞和周莉莉生活得很幸福,他们很快有了儿子,而陈建飞的辛勤付出也获得了回报,他被单位聘为工程师,5年后又成了副总工程师,社会地位和收入都提高了,周莉莉也过上了衣食无忧的日子。这时,岳父母才发觉对陈建飞看走眼了,对这个上进的女婿开始有好感,岳父又推荐提携陈建飞到另一家公司做了老总。

幸福的生活一年又一年,儿子也健康茁壮地成长起来,周莉莉觉得老公挣钱足够花了,就辞职做了全职太太,一门心思全部放在儿子和老公身上,自己平时也不修边幅。相反,陈建飞却越来越讲究了,他西装革履、头发油亮,身上喷香水、手腕戴名表,每天出门前在镜子前照来照去,自我欣赏半天。

开始,周莉莉并没有在意,认为是老公的工作需要,他帅一点自己脸上也有面子。后来,她发现丈夫换洗的衣服上有脂粉味和浓艳的香水味,就问他怎么回事?陈建飞对她解释说:"作为公司老总,我要经常酒后陪大客户去娱乐场所,估计是在那些地方沾染上的,不过我除了唱歌跳舞,没有干过任何坏事。"周莉莉当然不相信,就开始约束陈建飞,让他每天下班按时回家。陈建飞说接待客户是他的工作,让周莉莉不要无理取闹。夫妻感情由此日趋疏远,但是周莉莉手中没有证据,她只能天天小心翼翼地盯着丈夫。

由于周莉莉怀疑丈夫有了外遇，就开始和过去的同事联系，那些同事都善意提醒她，陈建飞身边有个助理王芹长得很漂亮，他去新公司任职的时候把她也带过去了。这话里的意思周莉莉顿时就明白了，自己的婚姻保卫战开始了。

● 移情别恋有新欢　　发奋图强获新生

当年的穷小子陈建飞竟然变心了，周莉莉受到了强烈刺激，幸福的生活刚拉开序幕，难道女主角就要换人了？周莉莉抖擞精神，决定和丈夫打开天窗说亮话，打赢这场婚姻保卫战。她把孩子送回了娘家，然后打电话让丈夫早点回家。

陈建飞已经习惯了被妻子伺候的生活，等他得意地回到家之后，发现今天没有美酒佳肴，只有妻子难看的面孔。周莉莉开门见山说："你身边那个叫王芹的助理是不是很漂亮啊？"陈建飞立刻明白是怎么回事了，他故作镇静地说："还可以吧。"周莉莉步步紧逼："你们是什么关系？"陈建飞若无其事地回答："同事关系啊。"看到丈夫油嘴滑舌，周莉莉的情绪立刻爆发出来，讲自己当初为了他失去很多好姻缘，责骂他是"现代陈世美"，忘了自己是怎么成功的，要求陈建飞和王芹断绝来往，立刻和她解除劳动合同。陈建飞冷冷地对周莉莉说："我虽然是公司老总，但也没有权力随便开除人。"周莉莉气得骂他是伪君子。陈建飞回敬道："你已经变成泼妇了。"说完就摔门而去，一夜都没有回来。

陈建飞离家出走，周莉莉心里慌了，她原以为和丈夫摊牌之后，丈夫会向她认错道歉，表示忏悔。她设想自己会表示原谅，丈夫保证以后绝不再犯，这样，家还是完整的家，自己仍然是丈夫心目中的娇妻。没有想到，陈建飞竟然毫无悔改之意，一摔门走了。

第二天下午，周莉莉做了一桌丰盛的晚饭，发短信给陈建飞，说等他回家吃饭。没想到丈夫只回了一句话，晚上有应酬。结果，周莉莉在家等了一夜，陈建飞仍然没有回家。周莉莉正在琢磨怎样才能把丈夫拉回家，她接到了一个陌生电话。通话人自称是王芹，是陈建飞的红颜知己,让周莉莉别折腾陈总了,自己没魅力了就早点让位。周莉莉气急败坏,痛骂她是心机婊,陈建飞有老婆孩子,做第三者是缺德的。

挂了电话,周莉莉失魂落魄地瘫坐在椅子上,连王芹都明目张胆来威胁自己,可见他们已经不再偷偷摸摸,王芹肯定牢牢地拴住了丈夫的心。想到自己多年不工作,现在除了儿子和丈夫,可以说一无所有,一旦和丈夫离婚,前途一片黑暗。周莉莉就流泪给陈建飞打电话想求和,可是,陈建飞根本不接她电话。周莉莉发短信,求陈建飞与王芹分手,并说只要陈建飞愿意回来,自己既往不咎。陈建飞仍然不回短信。

周莉莉和陈建飞的婚姻关系陷入僵局,就在周莉莉外出购物的时候,陈建飞回家拿走了自己的衣物,还发短信让周莉莉离婚。他们的婚姻已经到了生死关头,周莉莉会怎样做呢?

周莉莉回家看到丈夫如此绝情,她怒火中烧打陈建飞电话,谁知他的电话已经变成空号。周莉莉又去公司找他,公司说他已经辞职,并且王芹也和他一起离职了。周莉莉这时才明白,丈夫是王八吃秤砣——铁了心。自己不同意离婚,他是不会露面的。

曾经幸福的家变得空空荡荡,周莉莉茫然地环顾四周,她和陈建飞的结婚照还挂在卧室。再看看镜子里的自己,已经是憔悴不堪的黄脸婆。周莉莉在家待不下去了,她带着儿子回了娘家。父母得知她的婚变遭遇后,也都长吁短叹,但是,他们已经退休了,也帮不上女儿忙了,只能骂陈建飞是白眼狼。

自从丈夫离家出走以后,每到夜深人静的时候,周莉莉都辗转难眠,她不懂陈建飞过去对自己百依百顺,捧在手上怕摔着,含在嘴里怕化了,为什么现在对自己弃之如敝屣。她也不懂,自己过去是骄傲的公主,为什么现在变得如此卑微。她已经想不起来上一次去保养皮肤是什么时候,也不知道现在流行的粉底和口红是什么牌子,自己以前的那些名牌服装也都小得穿不上了。

最后,周莉莉终于想明白了,正是自己把时间和精力都花在家庭上,唯独没有花在自己身上,才使得自己变成了丈夫和儿子的保姆,不要说事业成功的丈夫看不上自己，恐怕连自己也会看不上自己的。周莉莉顿悟了，正是自己婚后不思进取，才使第三者王芹有了可乘之机，丈夫在职场没有顶住诱惑。

周莉莉想明白以后，第二天早上就开始精心梳妆，母亲惊讶地问她这是要干吗去。周莉莉说我要去找工作。母亲看到女儿重新振作了也很高兴，表示会帮女儿照顾好外孙。周莉莉家教好，情商智商都高，成熟的风韵更加迷人，很快就找到了理想的工作，她重回职场开始展翅高飞。

● 无情丈夫欲回归　无理"小三"闹事来

繁忙的工作让周莉莉摆脱了家庭的烦恼，优异的成绩让她获得了老板的赏识，不到 5 年时间，她已经升职为公司的高管，收入比当年的陈建飞高许多。

周莉莉找回了自信，陈建飞淡出了她的脑海，许多成功的男士倾心于周莉莉，想和她恋爱；但是，周莉莉还不想离婚再结婚，一是她不想让丈夫有钱就变坏的阴谋得逞，二是儿子小学阶段正是叛逆的时期，自己再找男人对孩子成长会有影响。所以，周莉莉把全部心思都放在了工作上。

直到儿子有一天对她说："妈，我爸一直不回家，你为什么还要等他？"这时候，她明白儿子懂事了，自己该考虑处理婚姻纠纷了。谁知，就在此时，一件意想不到的事情发生了……

一天，周莉莉正在工作，前台说有客人找她。周莉莉出去一看，来者不是别人，正是薄情的丈夫陈建飞。周莉莉把他带到办公室，板着脸对他说："你主动来了正好，我正准备找你离婚，这下子你满意了吧！"

只见陈建飞双手抓住自己的头发，埋着头低头不语。周莉莉以为他要装出一副难过的样子，就冷冷地看着他如何表演。等陈建飞抬起头来，已经满目泪水。他对周莉莉说，5 年前他和王芹去了广东，他们成立了一家外贸公司，后来由于经济形势不好，王芹卷走巨款和他分手了。陈建飞为此和王芹打了析产官司，法院判决王芹归还一半的同居财产。但是，判决生效后，王芹隐匿起来，法院的判决无法执行，他只好灰溜溜地回来了，希望周莉莉能够原谅他，重新让他回家。说完，陈建飞拿出判决书递给了周莉莉。

周莉莉心里百感交集，眼前这个憔悴的男人，曾经是她最爱的人，也是伤害她最深的人，得意的时候陈建飞抛妻别子，失意的时候又厚着脸皮回来。虽然经过5年的时间，周莉莉内心平静了许多，但还是无法接受陈建飞。她让陈建飞离开，表示自己绝对不会原谅他。

尽管周莉莉把陈建飞撵走了，但陈建飞知道她没有男朋友，自己还有希望复合。于是，又拿出当年追求周莉莉的劲头，每天给周莉莉发短信，说自己错了，也反省了，保证今后再也不会犯错误了，请求周莉莉看在过去夫妻恩爱和儿子的份儿上原谅他。俗话说，一日夫妻百日恩。陈建飞的甜言蜜语唤醒了周莉莉的美好回忆，她也知道陈建飞本质上并不坏，只是权势和诱惑让他迷失了自我。他再怎么不对，毕竟两人还是夫妻，况且他已经和情人分手。想到这些，周莉莉的心就有点软了。

周莉莉对儿子讲了陈建飞回来的消息，也告诉儿子他想回家。儿子听了以后说：“自己和爸爸的父子血缘关系无法更改。原不原谅爸爸，妈妈决定。”周莉莉知道儿子内心还是希望爸爸回家的，就回复陈建飞，自己好不容易走出阴影，如果再和他在一起，会不会又重蹈覆辙？陈建飞一看有希望了，立刻带着鲜花请周莉莉吃饭，在饭桌上殷勤有加，反复表态海枯石烂永不变心。周莉莉的心彻底软了，同意陈建飞回家，但不与他同居一室，让他劳动改造，以观后效。

陈建飞回到了家，变成居家好男人，家中面貌焕然一新。周莉莉每天下班陈建飞都已经做好了饭，儿子也能吃上营养均衡的健康餐，家庭关系开始慢慢恢复。但是，周莉莉的心里还有一事放不下，那就是丈夫的情人王芹。陈建飞带回来的法院判决，判令王芹归还同居财产200多万元。这个抢了自己男人的女人，现在还想赖账逃避追究，天底下哪有这样的好事？

周莉莉一想到自己的生活被王芹搅得一团糟，心里就实在气不过。

她在朋友圈发了一条寻人启事，称王芹插足她的家庭，现在赖账躲了起来，希望知情人提供线索，表示定有重谢，还附上了王芹的照片。朋友圈里大家评论纷纷，对王芹骂声一片，都力挺周莉莉。

周莉莉微信一发到朋友圈，家中就有人找上了门。四五个陌生人来势汹汹，说他们是王芹的娘家人，周莉莉的丈夫勾引未婚女性，他们是来找陈建飞要人的。周莉莉气不打一处来："我还想找你们要人呢！王芹抢走了我丈夫，还霸占他的财产，你们把她找来大家算算账。"王芹的娘家人说："肯定是你们夫妻联手把王芹害了，我们来就是找你们要人的。"周莉莉看到王芹的娘家人无理取闹，就打电话报警。民警到场了解情况后，严厉警告王芹的家人，再闹事警方就要采取措施，他们这才悻悻地离去。

周莉莉这边打退了王芹的家人，那边又收到了法院寄来的诉讼材料。原来，躲起来的王芹把周莉莉告到了法院，理由是周莉莉侵犯了她的名誉权，要求周莉莉公开赔礼道歉并赔偿精神损害费20万元。看到恶人先告状，周莉莉也不知道自己在朋友圈里"人肉"王芹的行为对不对，一方面她找了律师积极应诉，另一方面也删除了朋友圈里的信息。

那么，周莉莉的行为有没有侵犯王芹的名誉权呢？这就是我们今天要讲的法律焦点：名誉权。

● 法点释义：名誉权 >>>

名誉权，是人们依法享有的对自己所获得的客观社会评价、排除他人侵害的权利。名誉，是指人们对于公民或法人的品德、才干、声望、信誉和形象等各方面的综合评价，属于人格尊严，受法律保护。

● 法律链接： >>>

案发时法律规定：《中华人民共和国民法总则》

第一百一十条　自然人享有生命权、身体权、健康权、姓名权、肖像权、名誉权、荣誉权、隐私权、婚姻自主权等权利。

法人、非法人组织享有名称权、名誉权、荣誉权等权利。

《中华人民共和国侵权责任法》

第十五条 承担侵权责任的方式主要有：

（一）停止侵害；

（二）排除妨碍；

（三）消除危险；

（四）返还财产；

（五）恢复原状；

（六）赔偿损失；

（七）赔礼道歉；

（八）消除影响、恢复名誉。

以上承担侵权责任的方式，可以单独适用，也可以合并适用。

民法典新规定：《中华人民共和国民法典》

2021年1月1日起施行的民法典在第四编"人格权"中规定了名誉权，界定了什么是名誉，划分了新闻报道和舆论监督侵犯名誉权的界限，文学艺术作品和网络侵权的救济手段。

第一千零二十四条 民事主体享有名誉权。任何组织或者个人不得以侮辱、诽谤等方式侵害他人的名誉权。

名誉是对民事主体的品德、声望、才能、信用等的社会评价。

第一千零二十五条 行为人为公共利益实施新闻报道、舆论监督等行为，影响他人名誉的，不承担民事责任，但是有下列情形之一的除外：

（一）捏造、歪曲事实；

（二）对他人提供的严重失实内容未尽到合理核实义务；

（三）使用侮辱性言辞等贬损他人名誉。

第一千零二十七条 行为人发表的文学、艺术作品以真人真事或者特定人为描述对象，含有侮辱、诽谤内容，侵害他人名誉权的，受害人有权依法请求该行为人承担民事责任。

行为人发表的文学、艺术作品不以特定人为描述对象，仅其中的情节与该特定人的情况相似的，不承担民事责任。

第一千零二十八条 民事主体有证据证明报刊、网络等媒体报道的内容失实，侵害其名誉权的，有权请求该媒体及时采取更正或者删除等必要措施。

本案中周莉莉是否侵犯了王芹的名誉权，要分析该微信是否构成了侮辱或诽谤；王芹的社会公众评价有无降低；周莉莉是否存在主观过错，她的动机和目的是什么。

首先，周莉莉所发的微信朋友圈涉及陈建飞与王芹的不正当男女关系，已经被法院生效判决认定属实，他们是同居关系，所以她没有捏造事实诽谤王芹。

其次，周莉莉微信发在朋友圈，只有朋友才能看到，所以影响的范围有限，并且她已经删除了该条信息，且影响的时间短，王芹也未提交证据证明她的社会公众评价受到影响。

最后，周莉莉发布微信并无侮辱诽谤王芹的恶意，只是为了追回丈夫的财产。

通过上述分析，我们可以看出周莉莉发的微信，内容不涉及对王芹的侮辱、诽谤，同时，也未产生使王芹社会公众评价降低的损害后果，所附照片是王芹自己发在微信上的生活照，与人格尊严并无联系，不属于个人隐私，故没有侵犯她的隐私权。根据本案事实和法律规定，一审法院判决驳回了王芹的诉讼请求。

王芹不服一审判决提起上诉，二审法院审理后，驳回了王芹的上诉，维持原判。同时，另案的法院执行法官也找到了王芹，强制执行了她应支付给陈建飞的同居财产，200余万元款项被如数追回。王芹的官司打输了，执行款也被法院划走了，在当地也无脸见人，又去了外地。

周莉莉官司胜诉了，她维护了自身合法权益，追回了财产，陈建飞也给了妻子和儿子一个交代。他表示自己会再找一份工作，努力回报妻子和儿子对他的宽容，但是，周莉莉表示，还要再观察他一段时间。

　　婚姻中的夫妻双方需要责任与包容，不能仅凭感情任意行事。陈建飞事业腾达时就忘了在背后无私支持他的妻子，为了一时冲动又背叛了家庭，当激情消退的时候，他才看清了孰轻孰重；当有利益纠纷的时候，他才看清了谁重情重义。周莉莉的经历告诉我们，夫妻双方都应保持自己的独立性，一旦形成人身依附关系，可能导致夫妻关系失衡，挫折和磨难就不可避免。所以，男儿和女儿都应当自强！

后记　追逐法治的梦想

穿越山川岁月的风华年轮，站在《法律讲堂》的讲台上，明亮的聚光灯聚焦着主讲人，演播室里执行主编掌控着全局。执行主编和主讲人是《法律讲堂》节目制作不可或缺的两个要素。亿万观众喜闻乐见的法治节目凝结着法讲人的智慧成果，本书的出版就是这一成果的具体体现。

作为本书的共同作者，我们已经在《法律讲堂》栏目合作了11年。随着春夏秋冬的流转，制作播出了300余期节目，高收视率和广美誉度是亿万观众对法讲人付出的肯定。我们一直致力于通过讲述百姓身边的案件，宣传普及与民生相关的法律知识，使家庭更和睦、社会更和谐、法治更健全，这同样也是我们出版本书的初衷。

本书选取在司法实践中遇到的典型家事纠纷案例，结合新闻学传播的规律，撰写成20篇家事案件普法文章。《贪财害命》讲述了人身损害赔偿案件；《"死人"复活》讲述了民事代理关系；《离婚之谜》讲述了夫妻共同债务；《真情假爱》讲述了无效的民事行为；《情人攻讦》讲述了民事合法权益；《假戏真做》讲述了婚姻关系的确立；《醉酒风波》讲述了共饮者和公共场所的安全保障义务；《桃色事件》讲述了民事关系中的添附;《爆竹之殇》讲述了过错责任原则和赔偿范围;《哭泣新娘》讲述了法律责任竞合问题;《计谋家庭》讲述了民间借贷;《神秘之吻》讲述了无过错责任问题;《"烈女"争名》讲述了姓名权;《"偷情"协议》讲述了夫妻共同财产处置权;《姐妹调包》讲述了不当得利;《双子两爸》讲述了非婚生子女;《凶宅之谜》讲述了遗赠扶养协议;《兄弟情仇》讲述了隐私权;《无奈少年》讲述了监护权;《寻找情敌》讲述了名誉权。这20篇普法案例围绕民众生活中经常遇到的婚姻纠纷、继承纠纷、侵权纠纷、家庭教育等法律问题,尤其是结合了2021年开始施行的民法典,在《法律讲堂》栏目制作播出后有较高的收视率,产生了较好的普法效果。

2022年注定是一个不平凡的年度。新冠肺炎疫情的肆虐,将岁月的年轮变成了空转,社会在隔离与开放间徘徊,本书作者同样感受着民生的困苦。"连雨不知春去,一晴方觉夏深。"今天我们几易书稿,将作品呈现在诸君面前,是希望法治国家、法治政府、法治社会能够早日建成,家国和谐、人民安康、民主自由。唯愿本书能够成为家事纠纷普法的一部案头书、小助手。

谨此为跋!

刘念　杨波

2022年8月